新幼师·幼儿园新入职教师规范化培训教材

幼儿园区域游戏活动
支持与指导

主　编　霍力岩　周立莉
副主编　刘祎玮　杨志红　龙正渝

中国教育出版传媒集团
高等教育出版社·北京

内容提要

本教材依据《幼儿园新入职教师规范化培训实施指南》中"游戏活动的支持与指导"专题的相关任务要求编写,从对幼儿区域游戏材料进行研究的角度,提升幼儿园新入职教师的感受力、思维力、创新力,旨在加强新教师对区域游戏活动的理解,解决新教师组织与指导区域游戏活动的实践问题,提升新教师的专业反思能力。

本书第一章介绍幼儿园区域游戏活动,包括区域游戏活动的内涵、价值、特点、原则,常见游戏活动区的设置方式。第二章介绍幼儿园区域游戏材料,包括区域游戏材料的内涵、价值与特性,自制区域游戏材料的策略和常见活动区的材料投放。第三章介绍区域游戏活动中的观察与记录,包括区域游戏活动的观察目的、观察对象以及不同观察方法在区域游戏活动中的应用。第四章介绍在区域游戏活动中支持幼儿学习过程的具体策略,包括教师支持的原则、策略和相关案例。各章均提供了有针对性的实践练习表格和反思表格,并配有二维码资源,可以帮助和指导新教师进行实践操作和专业反思。

本教材可作为幼儿园新入职教师规范化培训及其他性质的幼儿园教师职后培训用书,也可供高等院校学前教育专业学生使用。

图书在版编目(CIP)数据

幼儿园区域游戏活动支持与指导 / 霍力岩,周立莉主编．-- 北京:高等教育出版社,2024.7

ISBN 978-7-04-061027-7

Ⅰ．①幼… Ⅱ．①霍… ②周… Ⅲ．①游戏课 – 学前教育 – 教学参考资料 Ⅳ．① G613.7

中国国家版本馆 CIP 数据核字(2023)第 149746 号

YOU'ERYUAN QUYU YOUXI HUODONG ZHICHI YU ZHIDAO

| 总 策 划 | 韩 筠 | 策划编辑 | 韩 筠 何 淼 | 责任编辑 | 何 淼 | 封面设计 | 裴一丹 |
| 版式设计 | 杨 树 | 责任绘图 | 杨伟露 | 责任校对 | 吕红颖 | 责任印制 | 赵 振 |

出版发行	高等教育出版社		网 址	http://www.hep.edu.cn
社 址	北京市西城区德外大街 4 号			http://www.hep.com.cn
邮政编码	100120		网上订购	http://www.hepmall.com.cn
印 刷	青岛新华印刷有限公司			http://www.hepmall.com
开 本	787 mm×1092 mm 1/16			http://www.hepmall.cn
印 张	13.75			
字 数	260 千字		版 次	2024 年 7 月第 1 版
购书热线	010-58581118		印 次	2024 年 7 月第 1 次印刷
咨询电话	400-810-0598		定 价	35.00 元

物 料 号 61027-00

编 委 会

人生百年，立于幼学，立德树人要从娃娃抓起。教师是一个光荣而神圣的职业，幼儿园教师对于儿童良好道德品行、生活态度、学习习惯、文化底蕴的养成具有重要作用，是帮助儿童"扣好人生第一粒扣子"的关键引路人。长期以来，我国广大幼儿园教师兢兢业业、奋发有为、无怨无悔，培养了一代又一代的新人，为我国未来人才素质提升打下了坚实基础，谱写了我国学前教育事业的新篇章。

党的二十大报告指出，教育、科技、人才是全面建设社会主义现代化国家的基础性、战略性支撑，要办好人民满意的教育，全面贯彻党的教育方针，落实立德树人根本任务，培养德智体美劳全面发展的社会主义建设者和接班人。"十四五"时期，我国教育进入高质量发展阶段。面对新形势、新任务、新要求，教师的能力素质还不能完全适应，党中央、国务院对教师能力素质的关注提高到前所未有的程度。从2018年中共中央、国务院出台的《关于全面深化新时代教师队伍建设改革的意见》，到2019年教育部办公厅、财政部办公厅发布的《关于做好2019年中小学幼儿园教师国家级培训计划组织实施工作的通知》，再到2020年教育部教师工作司颁布的《幼儿园新入职教师规范化培训实施指南》（以下一般简称《培训实施指南》），国家对新时代幼儿园教师队伍高质量建设既给出了高屋建瓴的指导性意见，又点明了清晰明确的发展方向、培训内容和实施路径。

习近平总书记《在哲学社会科学工作座谈会上的讲话》深刻指出："当代中国正经历着我国历史上最为广泛而深刻的社会变革，也正在进行着人类历史上最为宏大而独特的实践创新。这种前无古人的伟大实践，必将给理论创造、学术繁荣提供强大动力和广阔空间。这是一个需要理论而且一定能够产生理论的时代，这是一个需要思想而且一定能够产生思想的时代。"理论创造和实践创新相辅相成，对于我国新时代幼儿园保育、教育质量的提升至关重要。《幼儿园新入职教师规范化培训实施指南》的颁布既是高质量幼儿园教育和高质量幼儿园教师教育发展的重要标志，也是学前教育工作者奋进的新起点。作为《幼儿园新入职教师规范化培训实施指南》的研制团队，我们针对国家学前教育特别是高质量幼儿园教育、高质量幼儿园教师教育及其一体化的重大政策问题、理论问题、实践问题进行研究，不断形成新时代政策话语、理论话语和实践话语及其三位一体的优秀研究成果。我们希望通过自觉践行学前教育人的时代使命，努力在新时代生产出更多具有政策影响力、理论解释力和实践指导力的科研成果，为推动学前教育高质量发展作出贡献。"新幼师·幼儿园新入职教师规范化培训教材"即其中一个里程碑式的创新成果，是为新时代高质量幼儿园教师培训提供的创新性整体解决方案。

文章合为时而著，歌诗合为事而作。幼儿园教师是履行幼儿园教育教学工作的专业人员，需要经过严格的培养与培训。幼儿园新入职教师是学前教育发展的未来，他们的专业发展对于我国新时代高质量学前教育体系建设具有重要意义。作为"新幼师·幼儿园新入职教师规范化培训教材"的编写团队，我们瞄准国家学前教育中长期发展目标与重大战略需求，贯彻落实党中央和国家的相关政策要求，依据《幼儿园新入职教师规范化培训实施指南》，关切幼儿园教育与幼儿园教师教育的现实问题，积极谋划具有中国特色、中国风格、中国气派的幼儿园新入职教师规范化培训教材，构建知识体系、方法体系和课程内容体系，力求在教育现代化布局、教育高质量发展背景下形成一套"既顶天"——从幼儿园新入职教师岗位需求出发进行顶层设计，"又立地"——集理论内容、实践练习、自我反思于一体的、多种介质综合运用的、表现力丰富的新形态精品培训教材。

一、《幼儿园新入职教师规范化培训实施指南》解析

《培训实施指南》不仅标志着国家对幼儿园新入职教师培训进行了规范要求，同时还创造性地提出了一套教师培训理论框架和实践方法。换句话说，它不仅回应并较好解决了"一园一策"培训方案存在的效率低下、监督不足、资源匮乏等方面的问题，还针对性地、系统性地给出了目标规范、内容规范、路径规范、评价规范的"一揽子"培训解决方案。

幼儿园新入职教师规范化培训实施指南

（一）培训目标

幼儿园新入职教师（以下必要时简称"新教师"）作为园所发展的新生力量，具有时代感强、可塑性强、发展潜力大等显著特点。因此，如何在新教师入职初期抓住发展的关键期，夯实其岗位胜任基础，唤醒其内生学习动力，使之尽快成为合格的初任教师，并为今后的职业发展奠定良好素质基础，是幼儿园教师培训的重中之重。《培训实施指南》中的培训目标要求培训者通过设计系统化、规范化循序进阶的培训方案，开展实践性、激励式的规范化培训，从根本上提升幼儿园新入职教师的岗位胜任力和内生学习力。为快速提升岗位胜任力、有效激发内生学习力，指南要求新教师的培训目标要解决首次上岗后所要面对的关键岗位任务和面临的真实

工作问题，并通过以区（县）教师进修学校的教练式集中体验培训、培训幼儿园（培训基地）的师徒制基地浸润培训、聘任单位幼儿园的返岗实践培训的方式，切实帮助新教师实现岗位胜任力与内生学习力的双通道提升。

（二）培训内容

《培训实施指南》聚焦于关键岗位任务，并强调培训要支持新教师胜任关键岗位任务。根据"师德为先、幼儿为本、能力为重和终身学习"的理念，指南将培训内容分为 4 个模块——师德修养与职业信念、幼儿研究与支持、幼儿保育与教育、教育研究与专业发展，分别对应不同的关键岗位任务。4 个模块下设 18 个专题，分别对应教师关键岗位任务的胜任要素。18 个专题又细化为 52 个任务要求，分别对应关键岗位任务胜任要素的典型行为表现。指南同时还强调培训要将 52 个任务要求以"小而精"的形式转化为可操作、可记录与可评量的具体任务，即采用具有精准引导性、渐进探究性、小巧友好性、灵活拓展性的手册式或表格式活页记录单的形式，帮助新教师聚焦于关键岗位任务，达成胜任关键岗位任务的目标。

（三）培训路径

《培训实施指南》强调唤醒新教师的主动学习动机——通过集中体验培训、基地浸润培训和返岗实践培训的"三幕戏"，以及在每幕戏中帮助教师加深专业理解、解决实际问题和提升自身经验的"三部曲"，形成目标一致、层层递进、自主进阶的"九步培训路径"，对幼儿园新教师开展为期一年的培训。集中体验培训采用"教练式培训法"，重视对关键岗位任务进行案例式与体验性培训，强调"所教即所学—所学即所用—所用都好用"；基地浸润培训采用"师徒制培训法"，重视对关键岗位任务的演练式与实战性培训，强调"实用是实练—实练是实需—实需是实得"；返岗实践培训采用"园本式培训法"，重视对关键岗位任务的落地式与反思性培训，强调"好用就挪用—挪用就巧用—巧用就常用"。

（四）培训评价

《培训实施指南》重视随行激励评价，强调"真实且友好"的"随行性和持续性"评价——通过反应层、学习层、行为层和成果层 4 层培训评价模型，以及随学随评、随做随评和随思随评的 3 步循环进阶式考核路线，帮助新教师照镜子、定靶子、找路子，帮助培训者对靶子、调路子、建模子。反应层的评价是评量新教师对培训的基本态度，即对其幸福感的评量；学习层的评价是评量新教师对培训知识的掌握程度，即对其获得感的评量；行为层的评价是评量新教师对教师教学行为的改变，即对其有为感的评量；成果层的评价是评量新教师对幼儿的积极影响，即对其成就感的评量。4层培训评价模型以及3步循环进阶式考核路线注重过程性评价、表现性评价，注重激励型的自我检核评价，其中，任务单即过程性评价、表现性评价的具体体现，激励型的自我检核评价即新教师完成一个个小目标时的自我审视和内在激励。

（五）培训条件与保障

《培训实施指南》要求整县持续推动幼儿园新入职教师培训，强调教育行政部门、专业培训团队、新教师各司其职——按照省市统筹、地市组织、整县推进的总体思路，省市教育行政部门负责规划、指导和评价，地市教育行政部门负责制订计划、实施方案和整合资源，县级教育行政部门发挥培训主体作用并实际负责与管理培训工作。专业培训团队分为集中培训团队、带教师傅团队、园所培训团队三组力量，按照实践导向原则分解培训任务，促进培训走向规范、有效且持续。新教师在培训前，进行真实的自我能力诊断，明确研修目标并制订个人研修计划；在培训中，认真学习培训内容，积极参与实践活动，及时反思学习经验；在培训后，回顾与分享培训收获，制订个人专业发展规划。整体培训工作坚持规范培训导向、岗位胜任导向、重心下移导向、模式创新导向，做到方案规范、机制规范、过程规范、评价规范和职责规范。

二、"新幼师·幼儿园新入职教师规范化培训教材"解析

（一）系列教材结构

该系列教材共6册，分别是《中华优秀传统文化融入幼儿园教育》《幼儿学习研究与支持》《幼儿典型行为观察与记录》《幼儿园教育活动计划与实施》《幼儿园区域游戏活动支持与指导》《幼儿园一日生活组织与保育》。上述6个册本是在充分调研幼儿园新入职教师真实培训需求的前提下，基于提升师德修养、发展专业能力、胜任岗位任务的原则，从18个培训专题中精心选择的。在这6个册本中，我们充分尊重幼儿园新入职教师的成长特点和发展规律，强调岗位胜任导向；体例及栏目设计遵循《培训实施指南》提出的培训路径和培训方式，但教材并非对指南的简单解读，教材中的章标题对应任务要点，节标题对应任务要求，具体内容是在指南基础上的内涵式拓展与延伸。

《中华优秀传统文化融入幼儿园教育》主要探讨适宜幼儿园教育的中华优秀传统文化，旨在帮助新时代幼儿园新教师自觉树立传承文化的意识，掌握将中华优秀传统文化融入幼儿园各种教育活动的途径与策略。《幼儿学习研究与支持》和《幼儿典

型行为观察与记录》指向新时代幼儿园新教师应具备的专业素质和能力，指导他们有意识、有目的地在观察儿童、研究儿童的基础上支持儿童的学习与发展。《幼儿园教育活动计划与实施》《幼儿园区域游戏活动支持与指导》《幼儿园一日生活组织与保育》涉及幼儿园三种关键保教岗位任务，旨在帮助新教师掌握并胜任这三种关键岗位任务，运用科学的方法和适宜的策略组织儿童开展寓教于乐的教育活动。

（二）系列教材特点

本系列教材立足国家立场、基于儿童特点、尊重教育规律，为帮助新时代幼儿园新入职教师将内化的知识转化为外在的行动，表现出"所训即所学、所学即所用、所用即有用"的胜任岗位的典型行为，我们在设计和编写过程中充分重视并体现出培训规范性、练习进阶性、任务友好性、实践反思性和文化浸润性等编写特点。

1. 培训规范性

《培训实施指南》指出"幼儿园新入职教师的培训必须坚持规范导向"。教材内容坚持与培训内容保持一致，基于规范的培训目标设计规范的培训内容与培训方式，各章均涉及理论、实践、反思的培训内容，支持指南所要求的集中体验培训、基地浸润培训和返岗实践培训三步进阶的规范化培训方式。具体来说，教材在理论专题（通常是每章的第一节），通过理论讲解、案例呈现和"练一练"相结合的方式帮助新教师加深专业理解，有效支持集中体验培训阶段案例式与体验性的培训方式；在实践专题（通常是每章的第二节），采用文字或二维码的形式展示优秀课例，并以任务单的形式帮助新教师解决理论用于实践的实际工作问题，支持基地浸润培训阶段演练式与实战性的培训方式；在反思专题（通常是每章的第三节），围绕核心内容帮助新教师进行反思性思考，用"填一填"和同伴讨论等形式提升自身经验，支持返岗实践培训阶段落地式与反思性的培训方式。

2. 练习进阶性

教材遵照任务要点循序渐进的原则，逐步引导新教师对重要知识和技能进行学习和掌握，通过逐步提高练习的难度和深度的方式，帮助新教师建立知识体系和技能结构，逐步提升自身的岗位实践能力。教材将重点内容有机地分解为一系列小任务，通过"写一写""填一填""练一练"等形式将任务按照难易程度进行有序设计。此外，教材设计还注重随行激励评价。通常在章节的开始阶段，教材会提供一次"我从这里出发"的测试，旨在帮助新教师了解自身现有水平，通过前测，培训者还可以针对性地制订培训计划；在学习过程中，每个学习任务完成后都会有相应的练习小任务，这些练习可以帮助新教师巩固所学知识，并及时发现问题和不足之处；在章节的结束阶段，教材设计了"带着希望再出发"或"我走到了这里"的测试，用于新教师评价自己在学习结束时所达到的水平。通过前后测的对比，新教师能够自主了解自身水平和学习成效，这既便于新教师在后续培训中有针对性地选择学习内容，及时调整自身学习和培训进程；又便于培训者客观了解新教师的发展，建构更加适宜的培训体系。

3. 任务友好性

教材的一大亮点是为新教师提供了操作友好的任务单，帮助新教师在"学学练练"中加深专业理解、解决实际问题，提升自身经验。在教材中，重点学习目标和内容都会被细化为任务单。为了体现任务单的友好性，我们特别设计了流程提示和讨论要点框架，以清晰的语言和结构指导新教师完成特定的学习任务，理解和应用所学内容。一方面，任务单在系统化知识逻辑的基础上提供典型案例和焦点问题供讨论，其操作性特点能够帮助新教师根据自己的实际情况和需求进行学习。另一方面，任务单的灵活性特点能够帮助新教师根据自身情况选择不同的路径和方法来完成任务，支持个性化学习。此外，任务单还采用了直观的图表、示例和案例等形式，以帮助新教师更好地理解和应用所学知识。总之，教材通过提供带有提示的、可操作的任务单，为新教师提供了更便捷、更灵活的友好的学习与发展工具。

4. 实践反思性

教材注重提供基于实践情境的真实问题的反思工具，让教师能够通过反思实践不断提高自身的岗位胜任力。任务单是一种重要的反思工具，这些任务单既能帮助新教师记录和总结自己的实践经验、学习理解和思考感悟，又能帮助他们回顾自己在学习过程中的感悟、创意、疑惑和遭遇的挑战，通过填写任务单反思自己的保教行为，针对目标与内容进行自我评估与改进。例如，在《幼儿学习研究与支持》第三章第二节的任务单 S2.2.5 中，新教师可以从"教师支持幼儿的路线"和"幼儿建构知识的路线"两个方面反思教学过程，并使用"用台阶图等任一形式绘制教师与幼儿之间的互动路线图"的方式可视化地表征教学反思；与此同时，教师还可以思考自己在教学观摩活动中或在自己的教学过程中，发现的亮点、遇到的问题或改进的思考。除了任务单，教材还包括教师自主学习的任务、教育实践的建议、小组讨论框架或拓展阅读推荐等，这些导学栏目能够鼓励和支持新教师不断深化自己对教育理论和实践的理解，从而提升自身的专业素养和教育教学能力。

5. 文化浸润性

教材注重培养新教师的传统文化素养和传承文化的能力，旨在帮助新教师养成将中华优秀传统文化融入幼儿园日常教育活动的意识和能力。文化是民族的血脉，是人民的精神家园，将中华优秀传统文化融入幼儿园教育是培养"快乐学习中国娃"的基本途径和有利抓手。我们认为，中华优秀传统文化应该以唤醒、激发、熏陶和浸润等符合幼儿学习习惯和思维特点的方式融入幼儿园教育，让幼儿在一日生活各环节接触中华优秀传统文化，在感知、体验和操作中养成良好道德品质和行为习惯。因此在教材中，我们积极贯彻落实《完善中华优秀传统文化教育指导纲要》《关于实施中华优秀传统文化传承发展工程的意见》《"十四五"文化发展规划》，将中华优秀传统文化以"润物无声"的方式浸润在综合主题活动、区域游戏活动、一日生活活动、早期阅读活动的设计、组织与实施中，发挥"以文化人、文化育人"的功能。

（三）主要编写人员

我们以高标准、严要求的学术态度组建了教材编写团队。教材主编既有国内顶尖师范院校的学术领军人物，也有幼儿园教师培养一线院校的专家学者；既有国家教育科学研究机构的研究人员，又有一级一类、示范性幼儿园的园长；既有区（县）教师进修学校的骨干教研员，又有具有丰富实践经验的幼儿园特级教师。

在教材编写过程中，我们邀请专家学者、名园长、优秀一线教师和教研员深度参与，形成了立体化、多层次、实践取向的编写队伍，为落实《培训实施指南》中教练式、师徒制的培训路径，为教材内容的落地化和适切性找到了科学可行的本土化解决方案。这些专家、教师学术作风正、师德涵养高、学术功底扎实、实践技能过硬，特别重要的是具备很强的人格魅力和专业影响力。可以说，他们既是教材的编写者、创作者，同时也是新教师未来职业发展的标杆和榜样。

三、教材使用建议

本系列教材可以在不同的场景中灵活运用。下面我们将从区（县）教师进修学校的区域教师培训设计者、以高校研究者为主的理论导师和区（县）内骨干教师为主的实践导师为核心的教师培训者以及参加培训的教师（参训教师）三个角度来讨论如何使用教材。

（一）培训设计者使用

区（县）教师进修学校可以将本系列教材作为区域内系统设计幼儿园新入职教师（也可以是骨干教师）培训课程的指南和主要资源。培训设计者可以根据教材的内容制订培训计划和课程安排，确保培训活动的连贯性和系统性。教材中理论专题的练习可以作为集中体验培训中讨论活动的一部分，并结合教练式培训的特点，支持参训教师在培训过程中不断进行"学、习、思"三位一体的实践和体验；实践专题的任务单可以转化为基地浸润培训阶段和返岗实践培训阶段的研讨工具，使参训教师的研讨活动更加专业化和结构化，有效提高整个培训活动的科学性、规范性和系统性。同时，教材中反思专题的反思表格等可以用作促进参训教师反思和交流的工具，引导他们在实践中不断改进和完善教育教学行为。

（二）教师培训者使用

以高校研究者为主的理论导师和区（县）内骨干教师为主的实践导师为核心的教师培训者在使用本系列教材时，可以充分利用其中的资源作为培训内容。培训团队可以结合教材提供的理论内容、练习设计、实践案例和任务单等内容，准备专业性和针对性的培训内容，支持新教师通过集中体验培训加深专业理解，通过基地浸润培训巩固学习内容、解决实际问题，通过返岗实践培训反思教学过程、提升自身经验。培训团队还可以针对教材中的案例和问题，在集中体验培训阶段组织小组讨论和分享，或在基地浸润培训阶段将案例和问题转化为观摩活动研讨框架，促进参训教师之间高质量的互动与合作，提升培训质量。

（三）参训教师使用

幼儿园新入职教师或其他参训教师在使用本系列教材时，应从实际需求出发，灵活、合理安排学习时间和内容：第一，可以根据教材设计进行系统学习、认真练习与反思，将所学逐步运用于保育与教育实践，不断提高自身的岗位胜任力和内生学习力。第二，应充分利用教材中的反思任务单和案例分析任务单等，进行实践反思和自我评估，及时纠正错误和改进方法。第三，可以将教材当作实践解惑的工具书，特别是在返岗实践培训阶段，根据个人需求选择自己感兴趣的内容进行选择性学习或巩固性学习，灵活使用教材以解决个人在保教实践中的困惑；同时，对教材中提供的"拓展阅读"等自主学习板块，新教师应积极主动学习，以开阔自己的教育视野，提高专业素养。

关山初度尘未洗，策马扬鞭再奋蹄。我们要向成就这套教材而辛勤付出的人们表示感谢。感谢教育部对《幼儿园新入职教师规范化培训实施指南》研制团队的信任和委托，教材因此得以"生根发芽"；感谢教育部教师工作司对《幼儿园新入职教师规范化培训实施指南》研制过程的指导和帮助，教材伴随着指南研制逐渐"长出枝干"；感谢高等教育出版社的高度重视和大力支持，教材在此处获得了"肥沃土壤"。同时，还要感谢教材编写团队的卓越付出，感谢各参编园所的积极参与、配合，正是致力于幼儿园新入职教师规范化发展道路上的所有人的合力，才使得教材最终"开花结果、枝繁叶茂"，让这套教材达到了我们的最高期望。在编写过程中，我们参考了一些文献和资料，在此也一并向这些文献和资料的作者表示敬意和感谢。

我们衷心希望"新幼师·幼儿园新入职教师规范化培训教材"能够成为我国幼儿园新入职教师持续学习与专业发展道路上的"良师益友",帮助他们获得岗位胜任力、激发内生学习力,又好又快地成为幼儿园教育教学工作的中坚力量,为培养德智体美劳全面发展的社会主义建设者和接班人作出贡献。

我国著名思想家梁启超先生在《少年中国说》中写道:"天戴其苍,地履其黄。纵有千古,横有八荒。前途似海,来日方长。"新时代幼儿园教师培养培训亟待我们"勿忘昨天的苦难辉煌,无愧今天的使命担当,不负明天的伟大梦想,以史为鉴、开创未来,埋头苦干、勇毅前行"。我们欢迎志同道合的朋友们携手同行,让科学保教理念深植于每一位新时代幼儿园教师培训者、幼儿园新入职教师的心中,让具有中国特色、中国风格、中国气派的新形态精品培训教材走向世界、走向未来。

2023 年 12 月于北京师范大学英东楼

前　言

　　幼儿园区域游戏活动对学前儿童的学习和发展起着重要的作用。区域游戏活动可以帮助幼儿发展身体技能，有助于培养幼儿的协调性、灵活性和肌肉控制能力；可以让幼儿与其他孩子互动，学习如何分享、合作、解决问题和交流；可以通过角色扮演、创造性玩耍和想象力游戏来表达自己的内心世界，有助于培养幼儿情感表达能力；可以帮助幼儿学会集中注意力、遵循规则和指导，提高他们的学习能力和思维能力；可以通过观察、探索和实践来学习新知识和技能，有助于培养幼儿的认知发展、问题解决能力和创造力；等等。本书在《幼儿园新入职教师规范化培训实施指南》的指引下，根据国家对幼儿园新入职教师的岗位能力要求，系统设计幼儿园新入职教师上岗时应理解、应做到和应反思的规范化培训教学，以理论、实践和反思的逻辑设计各章，并重点强化了实践部分的任务单设计，通过丰富的案例支持新入职教师的学、思、践、悟。

　　本书由霍力岩和周立莉指导并带领团队编写，刘祎玮、杨志红、龙正渝参与编写并负责本书各轮次的审稿工作。第一章介绍了幼儿园区域游戏活动是什么，主要编写人员有霍力岩、杨志红、刘梦格、林岚、张仁甫、贾晓秀、孟帆、常鹏、刘营。第二章介绍了幼儿园区域游戏材料是什么与如何做，主要编写人员有周立莉、刘祎玮、龙正渝、杜宝杰、贺暤琳、张伟英、刘成云、宋芳。第三章介绍了如何开展幼儿园区域游戏活动中的观察与记录，主要编写人员有刘祎玮、李飞荣、马建芳、田美萍、丁一、刘冬梅、季鹏。第四章介绍了如何在区域游戏活动中支持幼儿的学习过程，主要编写人员有周立莉、刘祎玮、杨志红、刘成云、林咏瑜、吴采红、张瑞芳、张艳芬。

　　在此还要特别感谢北京大学附属幼儿园、北京市海淀区北部新区实验幼儿园、北京实验学校（海淀）幼儿园、北京航空航天大学幼儿园、北京市朝阳区枣营幼儿园等园所为本书提供了优质的案例与图片，我们在书稿中相关处已署名。感谢高等教育出版社何淼编辑为本书在出版过程中提供的专业建议和审校。编写团队多年来的区域游戏活动研究成果在本书中得以展现，但仍有不足之处，也望读者指正。愿我们一道，在学前教育事业的道路上，踔厉奋发、笃行不息！

本书编者

2024 年 5 月

目　录

幼儿园区域游戏活动是什么

第一章

学习目标

学习本章内容后，你将能够更好地：

1. 理解幼儿园区域游戏活动的概念和区域设置内容。

2. 依托班级情况进行幼儿园游戏活动区域的设置与合理划分。

⊪【想一想】

铭铭的幼儿园半日生活：

7:40 铭铭来到幼儿园，张老师带铭铭整理自己的衣服和书包，之后铭铭开始盥洗。

8:00 铭铭开始吃早饭，早饭后，铭铭与其他小朋友一起玩玩具。

8:30 张老师带领所有人一起学唱儿歌《春雨沙沙》。

9:00 张老师带领所有人一起到户外做操、玩体育游戏，并组织户外运动。

10:00 回到班级后，小朋友们盥洗、喝牛奶。

10:15 区域游戏活动开始，铭铭挂上了自己的进区游戏卡，然后开始游戏。铭铭先来到图书区拿了《猜猜我有多爱你》这本书，她从前往后一页一页地翻看，然后对张老师说："我喜欢这个小兔子。"张老师问她："为什么？"铭铭说："因为它好可爱。"随后，铭铭把书放回原处，来到益智区。她拿起一份"小猫钓鱼"的材料，她拿着钓鱼竿钓鱼，发现绳子一直晃动，她用手扶着绳子钓鱼，钓到鱼后对张老师说："我钓上来啦！"过了一会儿，铭铭跟随音乐整理自己的玩具。在分享活动中，铭铭主动举手分享了自己的游戏内容，她说："我看了一本小兔子的书，然后我去钓鱼了。"

请你基于上述案例思考以下两个问题：

（1）铭铭所在的班级是否开展了区域游戏活动？幼儿可以自主选择区域吗？

（2）铭铭参与了哪几个活动区的游戏？你认为幼儿的区域游戏活动有哪些环节？

【 我从这里出发 】

亲爱的老师，我们即将开启本章的学习。在学习本章内容之前，请你先思考以下问题，并在表1-1中最符合自己情况的方框内画√，据此了解自己将从哪里出发。

表1-1　教师自评表

项目	我现在在这里			
	一级水平	二级水平	三级水平	四级水平
1.关于幼儿园区域游戏活动的内涵	□我还不了解幼儿园区域游戏活动的内涵	□我知道幼儿园有区域游戏活动，但不清楚具体是指哪个环节	□我知道幼儿园区域游戏活动是幼儿一日生活中的重要组织形式	□我非常清楚区域游戏活动的内涵，明确区域游戏活动的关键点
2.关于幼儿园区域游戏活动的价值	□我还不了解区域游戏活动对幼儿学习与发展有一定的教育价值，也觉得没有必要开展区域游戏活动	□我知道区域游戏活动对幼儿学习与发展有一定的教育价值，并且在班级中开展区域游戏活动	□我了解区域游戏活动对幼儿学习与发展有较高的教育价值，并且在班级中积极开展区域游戏活动	□我非常清楚区域游戏活动对幼儿学习与发展的多元价值，并且在班级中高质量开展区域游戏活动
3.关于幼儿园区域游戏活动的目标	□我还不知道区域游戏活动需要设计教育目标	□我知道区域游戏活动需要设计教育目标，但不清楚如何设计	□我了解1～3个区域应该如何设计区域游戏活动目标	□我能够了解不同区域游戏活动目标的设计，且教育目标设计适宜

第一节　理解幼儿园区域游戏活动

我来写一写

1. 下面关于幼儿园区域游戏活动的描述，你认为哪些是正确的？请在正确描述后面的圆圈内画√。

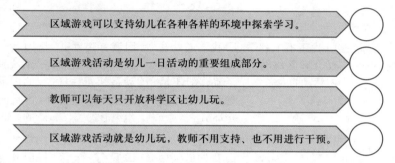

2. 你所在的班级中有哪些活动区？请在下方圈出来。

表演区	角色区	建构区	沙水区
语言区	科学区	美工区	自然角

其他区角：＿＿＿＿＿＿＿＿

3. 请你将自己所在班级各活动区的位置画在下方的空白处。

一、何为幼儿园区域游戏活动

（一）区域活动

幼儿园一日生活主要包括集体活动、区域活动、户外活动以及生活活动四大部分，它们既是幼儿园课程的组成部分，又在幼儿一日生活中以不同的活动形式促进幼儿的全面发展。

追溯区域活动的历史，蒙台梭利是第一个明确提出在幼儿园中运用区域活动进行教育的实践者，她强调"环境是幼儿的第三位教师"，教师要为幼儿创设"有准备的环境"。此外，高瞻课程也从强调关键经验的角度指出，教师要有意识地把关键经验物化为活动情境和活动材料，幼儿通过"活动区"完成一系列活动以获取关键经验。

自 20 世纪 90 年代初，国内很多幼儿园都开始了区域活动的实践研究。1996年颁布的《幼儿园工作规程》和 2001 年颁布的《幼儿园教育指导纲要（试行）》都强调了幼儿园教育应该"以游戏为基本活动""寓教育于各项活动中"，这在一定程度上推动了区域活动在幼儿园中的重视程度与普及程度。

（二）区域游戏活动

区域游戏活动是否等同于区域活动？从字面意思上看，区域游戏活动当然是有别于区域活动的，其中的关键就在于"游戏"二字。

1. 游戏

"游戏是幼儿的学习方式"，游戏作为一种古老而复杂的社会文化现象，是一种跨越文化和年龄的人类行为，贯穿个体一生的不同发展阶段。在英语中，游戏有play 与 game 两种常用表述。play 既是名词也是动词，指向的行为更加广泛，包括体育运动、舞台表演、角色游戏等使人获得愉悦感、满足感的各类行为。而 game是名词，通常指的是"有规则的游戏"。我国对于"游戏"的理解侧重嬉戏、玩耍，鲜有较为积极的解读。

随着社会文化与科学研究的进步，人们对于游戏的内涵、价值都有了全新的理解，也更加尊重幼儿游戏的权利。个体的不同发展阶段，游戏所占据的地位各不相同：对成人而言，游戏只是工作闲暇与茶余饭后的消遣与娱乐活动；对幼儿而言，其所处的身心发展阶段，决定了游戏在其生活中所占据的重要地位。《教育大辞典》将游戏定义为幼儿的基本活动，是适合幼儿年龄特点的一种有目的、有意识的、通过模仿和想象，反应周围现实生活的一种独特的社会活动。[①] 有学者在探讨幼儿游戏的本质时也指出，游戏从本质上说是指一类由幼儿自主控制的、能带来愉快情绪体验的、有操作材料的活动，其中自主控制是游戏的最内在本质。[②] 基于上述讨论，我们认为游戏是幼儿的基本活动，与幼儿的生活紧密相连。游戏能够满足幼儿身体活动、认知活动、社会交往等各方面需要，游戏是幼儿学习和工作的基本方式，幼儿拥有游戏的权利。幼儿园教师应保证幼儿游戏的时间，保障幼儿的游戏条件，尊重幼儿的游戏权利。

2. 区域游戏

区域游戏在世界各地有不同的形式和名称，比如学习中心（learning centers）、兴趣中心（interest centers）、活动区（activity area）、游戏区（play area）、教育实验室（education laboratories）、教学材料中心（instructional materials centers）等。蒙台梭利是最早在幼儿园教育中使用区域游戏教学的教育家，她主张将教室设计为不同区域，在区域中投放不同层次、不同内容、不同发展水平的活动材料，幼儿根据自己的兴趣和需要自由选择区域和材料，进行自发地集中工作，教师在需要时提供帮助，促进幼儿各方面的发展。[③] 在我国，区域游戏是幼儿室内自主游戏的主要形式，教师根据幼儿园教育目标、幼儿游戏需要与兴趣以及身心发展水平创设相应的游戏和学习环境，提供丰富的操作材料。幼儿在区域游戏中可以开展各种不同活动，他们的主动学习与自主性得以发展。

3. 区域游戏活动

区域游戏活动是幼儿在游戏时自由探索的过程，可以说是幼儿最喜欢的活动。区域游戏活动作为一种教育组织形式，具体表现为：教师创设游戏化的环境，让幼儿自主选择，对材料进行探索，与区域环境相互作用，获得游戏体验和认知、情感、社会性等各方面发展。在区域游戏活动中，幼儿按照自己的意愿进行带有学习和工作性质的游戏。区域活动中投放的材料，是教师支持幼儿学习与工作、引发幼儿主动建构对周围世界认识的中介和桥梁。总而言之，区域游戏活动尊重每一个幼儿的学习进度、学习风格、学习节奏，能够让幼儿在有准备的、丰富的、适宜的区域环境中，通过与环境和材料的互动，激发自主性和创造性，促进幼儿在自身原有水平上得到发展与提高。与集体教育活动不同的是，区域游戏活动主要是以个别探

---

① 顾明远. 教育大辞典 [M]. 上海：上海教育出版社，1990：218.

② 毛曙阳. 关于幼儿游戏的本质及其对幼儿的发展价值的思考 [J]. 学前教育研究，1999（3）：14-16.

③ 蒙台梭利. 蒙台梭利教育法 [M]. 霍力岩，李敏谊，胡文娟，等译. 北京：中国人民大学出版社，2008.

究的形式开展。[1]

由此可见，区域游戏活动不仅强调了幼儿在活动区中的活动，更强调了幼儿在活动区中与环境、材料、同伴的游戏互动，即幼儿的"有意义的学习"。

（三）区域游戏活动的特点

区域游戏活动与其他活动相比有着明显的特点，主要表现为自主、操作、教师指导、个性化发展。

1. 自主

在区域游戏活动中，幼儿自己选择区域、选择材料、选择同伴、选择游戏内容。教师需要做的是观察、记录幼儿的游戏过程，关注幼儿的需要，并给予适宜的支持，同时保证幼儿的安全，不会过多干涉幼儿的活动。因此，幼儿在区域游戏活动中会感受到与集体教学活动不一样的自由与自主，可以进行更加频繁地进行同伴交流和交往。

2. 操作

教师在区域游戏活动中通常不会直接对幼儿进行指导，不会告诉幼儿这样操作是否正确，因此幼儿可以更加自主地操作材料和玩具，按照自己的意愿操作、探索玩法。相比于集体教学活动，幼儿在区域游戏活动中可以操作到更加丰富的游戏材料。

3. 教师指导

与集体教学活动不同的是，区域游戏活动强调的是幼儿的自主活动，所以教师的主要任务就是为幼儿创设适宜的环境，随时调整材料，通过物化目标的材料引导幼儿的活动，或是以参与者的身份对幼儿进行间接指导。

4. 个性化发展

集体教学活动一般以幼儿小组活动或个别活动为主要方式，无法满足每个幼儿差异化发展的需要。在区域游戏活动中，每个幼儿都可以根据自己的兴趣和需要选择区域和材料，进行适合自己能力水平的各种各样的活动，所以区域游戏活动应该是既能满足大部分幼儿的喜好，又能满足个体需要，还能促进幼儿个性化发展的活动。

值得注意的是，区域游戏活动强调环境和材料对幼儿的引领，教师的指导表现为间接指导，这与集体教学活动并不对立，而是相辅相成的，是相互延展的。例如，有些主题活动的开展，不能仅仅依靠集体教学活动进行，因为集体活动时间有限，或者受材料、场地等因素的制约，幼儿没有足够的时间去反复操作体验，那么

---

[1]　王微丽，霍力岩.支架儿童的主动学习：经历、经验、经典 [M].北京：北京师范大学出版社，2019.

在集体活动之后，教师就可以把材料投放到相应的活动区中，让学习由集体教学活动延伸到区域游戏活动中，满足幼儿继续探索和自主学习的愿望。

（四）区域游戏活动的价值

近些年，区域游戏活动与深度学习、主动学习等概念密切相关，表现出独特的价值，在幼儿园中备受教师的推崇和喜爱。区域游戏活动的价值主要包括以下几点：

1. 符合以幼儿为中心的教育理念

尽管以幼儿为中心的教育理念已经十分普及，然而在教育实践中，大多数幼儿园还是以集体教学活动为主要活动形式，教师的高控行为多有发生，尊重幼儿的发展规律、个体差异、兴趣爱好很难落到实处。区域游戏活动可以帮助教师在教育实践中真正落实以幼儿为中心的教育理念，真正实现"促进每个幼儿富有个性的发展"。教师在开展区域游戏活动之前，需要认真思考本班幼儿的兴趣、最近发展区以及个体需求，有针对性地选择区域游戏活动的类型、主题、材料。同时，由于区域游戏活动是个性化的、自由自主的活动，幼儿还可以在相对宽松和自由的氛围中自由交往。

2. 促进幼儿主动学习的发生

区域游戏活动突破了传统集体教学活动中幼儿处于被动、静止状态的局面，教师通过设计、提供可供幼儿操作的各类活动材料，让幼儿在与环境和材料的交互过程中，主动地通过活动得以发展，充分体现了幼儿的主动性。

3. 发展幼儿的自主性与决策性

区域游戏活动通常涉及幼儿发展的各个方面，多种活动区可以满足幼儿根据自己的兴趣爱好、发展需要等进行自主选择的需要，保障了幼儿自主选择与游戏的权利。幼儿园活动区的设置在表现出区域性的同时通常还应表现出层次性，即便是同一班级、同一类型的活动，教师也可以通过提供不同层次的材料来体现游戏活动的层次性，以适应不同幼儿的发展水平、学习节奏。幼儿则可以根据自己的需要自主选择活动区与材料。

4. 促使幼儿的交往与合作

区域游戏活动中的伙伴交往活动可以帮助他们学习如何交往相处，有益于幼儿社会性交往技能的发展，形成良好的同伴关系，理解社会规则的意义。当多个幼儿在某一活动区中共同游戏时，我们可以将其看成是基于共同兴趣爱好与发展需求聚集起来的学习小组。在这个学习小组中，每一个幼儿都在有意或无意之间关注同伴的一言一行。有时来自同伴的激励与启发可能比教师的说教更能激发起幼儿的求知欲望与探索精神。幼儿通过与同伴的相互交流不断碰撞出新的火花，在游戏情境中尝试解决各种各样的人际交往问题。因此，幼儿在与同伴之间相互观摩、相互学习的同时，其社会交往能力也在不断地提升。

5. 保护幼儿的创造性

区域游戏活动可以保护幼儿的创造性，发展其各种能力。研究表明，创造性和自由程度基本成正比，越是自由的氛围越有助于幼儿自我的展现，有助于其创造性的表达和表现。诚然，幼儿天生具有丰富的创造力和想象力，教师在幼儿园的活动室规划活动区，投放适宜的材料，放手让幼儿自由交往和操作，将会更加利于幼儿提高自我学习的能力以及发现问题、解决问题的能力，从而促进创造性的充分展现。

（五）区域游戏活动的原则

1. 适宜性原则

区域游戏活动的安排、设计，环境的创设，材料或玩具的提供，都要符合幼儿的年龄特点，充分考虑其已有的生活经验及能力，使幼儿在原有基础上得到发展。例如，小班幼儿在游戏中常常表现为平行游戏，即幼儿玩着相似或相同的玩具，用类似的游戏玩法，但幼儿之间互不干扰、各玩各的。加之小班幼儿相对欠缺生活经验，接触社会范围小，教师在创设小班的活动区时，可以在一个区域内投放几套相同的材料；在活动指导方面，教师应以具体的示范、参与指导为主。

2. 发展性原则

发展性原则是指区域游戏的设计与指导应体现层次性和循序渐进性。例如，小班幼儿活动的目的性较差，主要依靠游戏活动的生动性、新颖性以及游戏材料的吸引力（如颜色明快等）吸引幼儿进行活动。随着年龄的增长，幼儿活动的计划性、目的性逐渐增强，活动的结果成为吸引其活动的主要原因。因此，教师在创设建构区时，积木的颜色要丰富，形状可少些，但数量要充足；在活动指导方面，教师应着重帮助他们学会独立构造物体，并表现物体的主要特征。对于中班幼儿来说，积木的形状可以增加，还可以提供一些辅助材料；在活动指导方面，教师可以要求幼儿有目的、有计划地构造物体。到了大班，教师可以提供更多形状的积木和丰富的辅助材料，要求幼儿学会通过协商共同构造一个复杂的大型物体。要注意，同一套积木从小班玩到大班是不可取的做法。

3. 探究性原则

区域游戏活动作为幼儿园教育的重要组成部分，是在主题目标的指导下，幼儿自选材料、自主开展的游戏活动。因此，教师在进行材料投放应具有目的性，根据近期的主题目标和幼儿的活动需求及时投放或调整活动材料。活动材料还应具有探究性。材料的探究性能引发幼儿动手、动脑，支持幼儿与活动环境的积极互动，引导幼儿根据自己的兴趣爱好对客观事物进行动手操作和动脑思考，促进幼儿在动脑思考基础上的动手操作，实现动脑思考和动手操作同频进行。

（六）区域游戏活动的要素

"有益的"学习活动离不开教师对游戏活动的筛选、改造与指导。教师应当按照幼儿园教育的目标与要求，为幼儿创设良好的游戏环境，需要从游戏的设置、材料的投放、游戏中的支持、游戏后的总结分享来支持幼儿。有意义的游戏活动离不开"有准备的教师"和"有准备的材料"。

教师提供的支持也是多样性的，主要包括成人的支持、同伴的支持和材料的支持。

1. 成人的支持

教师在幼儿游戏的过程中，可以创设宽松、自主的氛围，支持幼儿的自由游戏；可以及时干预幼儿的冲突行为，支持并引导幼儿开启友好的游戏；可以延伸、扩展幼儿的游戏，支持幼儿能够持续投入到游戏中。必要时，教师还可以示范游戏行为，为游戏加入新的想法和信息。

2. 同伴的支持

同伴的支持是一种来自教师的隐性支持，教师可以通过"谁来帮帮他？"等提问的方式，招呼其他幼儿来进行同伴支持；还可以通过"请看看他是怎样做的"等语言，提示幼儿模仿同伴的操作行为。

3. 材料的支持

材料的支持同样也是一种来自教师的隐性支持，教师可以通过材料的科学投放、及时调整来进一步支持幼儿在区域游戏活动中的深度学习，此即前文所说的"有准备的材料"。

二、幼儿园活动区及游戏的设置

幼儿园每个班级根据活动室的大小，大多设置 6～8 个活动区。这些活动区既包括幼儿能够自主、富有创意的自由游戏区域，也包括幼儿通过操作材料探索经验的学习区域。以下是幼儿园中较为常见的活动区设置。

（一）语言区及游戏

语言区为幼儿创设了相对安静舒适的区域空间和自由宽松的语言交往环境（图1-1）。在语言区游戏中，教师可以以听、说、读、写为活动线索，引导幼儿依照一定的方式和顺序来进行游戏活动，全面促进幼儿口头语言和书面语言的发展。

幼儿语言能力的发展是在与他人交往、主动运用语言的过程中完成的。教师应遵循幼儿学习语言的规律和需要，以发展幼儿的听、说、读、写能力为基本线索，并依据由浅入深、由易到难、由简单到丰富的层次递进，把语言区材料转化为幼儿可视听、跟读或操作的材料，让幼儿通过自主学习促进语言能力的发展。

图 1-1　语言区环境图

　　语言区游戏活动的关键经验主要包括作品理解与文学语言、倾听与表达、阅读与前书写准备。表 1-2 呈现了不同年龄班幼儿语言区游戏活动的关键经验。

表 1-2　语言区游戏活动关键经验一览表

关键经验	小班	中班	大班
作品理解与文学语言	熟悉作品的大致内容	初步理解文学作品的中心思想、主要情节和角色特征	对文学作品有较深刻的理解和浓厚的兴趣，用积极的态度对作品内容、角色的特点进行讨论、分析和比较
倾听与表达	初步学习常见的交往语言和礼貌用语；安静地倾听，能听懂、理解简单的指令；愿意用完整的短句进行讲述	继续学习交往语言，提高语言交往能力；耐心地倾听，能听懂、理解多重指令；愿意用清楚、连贯的语言进行讲述	乐意运用交往语言，进一步提高语言交往水平；积极倾听，不断提高倾听能力，能迅速把握和理解较复杂的多重指令；愿意用较清楚、连贯、流畅的语言进行讲述
阅读与前书写准备	喜欢看书，知道看书的基本方法；感受语言和其他符号的转换关系，激发对文字的兴趣	懂得爱护图书，知道图书的构成；了解汉字的由来和简单的汉字认读规律；激发主动探索文字的愿望	有浓厚的阅读兴趣，知道图画书中的画面与文字的对应关系；积极辨认汉字，掌握正确的书写姿势和基本的书写技能

（二）科学区及游戏

科学区游戏内容涵盖科学探究和数学认知，幼儿能够在探究具体事物和解决实际问题中，尝试发现事物间的异同和联系。科学区还可以进行科学观察、测量和分类活动，为幼儿提供适宜的工具，支持幼儿利用工具进行探究活动，鼓励幼儿进行科学实验。因此，幼儿园的科学区有一部分设置在阳台、楼道、窗台，是以种植、饲养、观赏为主要内容的自然角；还有一部分设置在活动室内，是以实验操作、记录交流等探究活动为主的探索区域（图1-2）。

图 1-2　科学区环境图

在科学区中，教师应选择贴近幼儿生活和幼儿特别感兴趣的探究内容，基于幼儿安全的操作环境和支持性的心理氛围，鼓励幼儿深度探究，了解物体和材料的物理特性、相互关系和有趣的科学现象。综上，科学区活动内容丰富，大致可以分为观赏和种植植物、观察和饲养动物、探究活动的操作材料、记录与交流四大部分。那么，科学区游戏活动的关键经验则主要包括探究兴趣、种植与饲养、操作与实验、记录与交流四个部分。表1-3中呈现了不同年龄班幼儿科学区游戏活动的关键经验。

表 1-3　科学区游戏活动关键经验一览表

关键经验	小班	中班	大班
探究兴趣	对科学区的动物、植物、材料好奇，喜欢提出问题，愿意摆弄材料	能关注到自然角植物的变化，经常动手动脑探索物体和材料，并乐在其中	对自己感兴趣的事物喜欢刨根问底，能主动探索寻找问题的答案，并享受发现的乐趣
种植与饲养	在老师的帮助下饲养、种植几种常见的动物、植物，能注意并发现动植物的多样性	愿意参与自然角的饲养、种植活动，会使用常见工具，感知和发现动植物的生长变化	能主动参与照料活动，能察觉到动植物的外形特征、习性与生存环境的适应关系

续表

关键经验	小班	中班	大班
操作与实验	能用多种感官或动作去探索物体，关注动作所产生的结果	喜欢大胆猜测，并能通过实验操作活动进行验证，能感知简单的物理现象	喜欢动手操作，能发现问题、提出问题，并尝试解决问题
记录与交流	对记录感兴趣，在教室的引导下能表达出观察和操作的结果	通过比较观察发现一同，并用简单的符号进行记录，能用较完整的语言表达观察和操作的结果	能通过观察、比较、分析发现自然角动植物的特征，能用多种方式进行记录，愿意和他人合作与交流

（三）建构区及游戏

建构区是幼儿进行建构游戏的区域（图1-3），建构区游戏是幼儿通过操作各种建构材料，充分发挥想象力，创造性地反映周围生活的活动，融操作性、艺术性与创造性于一体。幼儿园的建构游戏根据材料的不同可以分为桌面建构和地面建构，一般都在室内专门的建构区进行。这些专门的建构区多设置在宽阔的场地中：一部分设置在阳台、楼道、睡眠室，供幼儿进行以搭建大型积木为主的地面建构活动；另一部分设置设活动室内，供幼儿进行以搭建小型积木、拼插玩具或低结构材料的桌面建构活动。

图1-3　建构区环境图

在建构区游戏中，教师应提供适合建构的材料，材料应具有规则性、可操作性和灵活性等特点，能够帮助幼儿发展建构能力和空间知觉能力，认识物体的基本形状和数量关系。幼儿通过有意识地堆积、拼插、排列、组合建构材料，丰富建构技能，形成建构兴趣，增强交往与合作，提升空间思维，激发创造性。建构游戏对幼儿解决问题、坚持性和专注性的发展具有十分积极的作用。表1-4中呈现了不同年龄班幼儿建构区游戏活动的关键经验。

表 1-4 建构区游戏活动关键经验一览表

关键经验	小班	中班	大班
建构技能	初步认识各种形状的积木，了解各种拼插玩具的名称； 学会简单的围拢、垒高、平铺等技能	学会基本的建构技能，如架空、组合、按规律排序等，能有目的、有主题地建构； 学习使用辅助材料增强造型的表现性，尝试小型拼插玩具，掌握初步的插法	能恰当地选择不同的建构材料搭建，能熟练运用排列、组合、旋转进行综合搭建； 会看平面图，能把平面图变成立体搭建物
建构兴趣与交往、合作	喜欢搭建，能独立进行搭建活动； 能简单地介绍自己的作品	能与同伴共同搭建同一主题的作品； 能用较为简单的语言介绍自己的作品，理解、欣赏他人的作品	能友好写上搭建主题建构方案，分工完成搭建作品； 能比较完整地讲述活动过程和主题内容； 在合作中有合作的态度，又能尊重他人的意见； 喜欢挑战，富有想象力

（四）角色区及游戏

　　角色区是幼儿开展角色游戏的区域（图 1-4），角色区游戏就是幼儿按照自己的意愿扮演角色，再现生活内容的一种活动。角色游戏可以分为生活模仿游戏和职业体验游戏。生活模仿游戏即幼儿通过日常观察家庭成员的角色，再现生活中家庭成员的语言和动作。职业体验游戏即幼儿对社会角色的模仿与体验，幼儿能够在扮演中理解规则、体验规则、遵守规则。角色游戏可以让幼儿发挥想象力，创造性地模仿现实生活，它既能提升幼儿的语言表达能力，又能提升幼儿的同伴交往能力。

　　在角色区中，教师可以通过创设生活化的游戏环境，投放真实或模拟的操作材料，引导幼儿在区域中按照自己的意愿选择和扮演角色、设计活动情节、再现真实的社会生活情景，促进幼儿形成积极的游戏态度与情感体验。可以说，只要是社会上的正向角色，教师都可以和幼儿一起讨论并创设相应的游戏主题和角色扮演。同时，角色区相对于其他区域来说，还发挥着独特的作用和价值，幼儿扮演角色后，可以到其他区域进行互动，如幼儿消防员后可以去建筑区参与灭火等。角色区能够满足幼儿在线生活场景和模仿成人的愿望。幼儿在不同的角色体验中感受社会的分工与角色，加强对社会的认知，学习交往与合作，获取社会情感体验。角色区游戏活动的关键经验主要包括游戏态度与情感体验、游戏主题与角色扮演、材料选择与使用、交往与合作四个部分。表1-5中呈现了不同年龄班幼儿角色区游戏活动的关键经验。

图1-4　角色区环境图

表1-5　角色区游戏活动关键经验一览表

关键经验	小班	中班	大班
游戏态度与情感体验	逐渐对角色游戏感兴趣，表现出愉快的情绪	喜欢参与角色游戏，愿意积极参与角色扮演活动	情绪愉快、精神饱满地参与角色游戏，对游戏有浓厚的兴趣
游戏主题与角色扮演	在教师的引导下，逐渐能够提出、选择游戏主题，明确自己扮演的角色	能独立提出游戏主题，不断拓展游戏主题和情节，运用语言、表情和动作表现角色	主题明确而稳定，能正确反映角色的社会职责以及角色之间的社会关系
材料选择与使用	能够尝试以物代物，一物多用	尝试创造性地使用材料，能为游戏选择替代玩具，并在教师启发下自制简单玩具	能有目的地选用和替代游戏玩具，能根据游戏需要自制有关玩具
交往与合作	愿意与同伴一起游戏，体验与同伴共同游戏的乐趣	初步学会协商、轮流、合作、友好地游戏，加强游戏的集体性	学会协商分配角色，与同伴积极交往，友好合作，会自己解决游戏中的问题和纠纷

（五）表演区及游戏

表演区是幼儿进行表演游戏的区域（图1-5），具有优美的游戏环境。在表演区中，教师可以为幼儿提供探索表演的材料和工具，培养幼儿对表演活动的兴趣。幼儿可以在表演区中自主选择游戏的内容、形式，包括扮演文学作品和影视作品中的角色、自由创意表演、探索与演奏乐器、歌唱、舞蹈等，创造性地表达自己的情绪情感。表演游戏不是单纯的表演，而是幼儿的一种自我欣赏、自娱自乐的游戏活动。在表演游戏中，幼儿能够获得能力发展，进行创造性表现，并展示出自己对表演的体验与态度（表1-6）。他们不在乎有没有观众，更不是为了向观众展示，他们的表演是因为好玩、好看、有趣而发生的，表演的动作以简单的模仿和再现为主。比如女孩喜欢在游戏区扮演《喜羊羊与灰太狼》中的美羊羊，并对主题曲进行再现。正是因为表演游戏兼具表演性和游戏性，幼儿园就需要设置专门的空间提供幼儿开展活动，并提供丰富的材料。

图 1-5 表演区环境图

表 1-6 表演区游戏活动关键经验一览表

关键经验	小班	中班	大班
能力发展与创造性表现	喜欢模仿简单的角色语言、动作和表情，敢于在集体面前表现；能用简单的头饰、服装等表现自我经验；对音乐节奏具有初步的感知能力，能随简乐曲做简单的律动	按自己的意愿选择并扮演角色；能运用较清楚、连贯的语句进行表演，适当地运用动作、表情表现角色的性格特征；能根据作品主题、情节加以想象，尝试改变故事的个别情节，并进行有创造性的表演；能随音乐做模仿动作及简单的舞蹈动作	根据自己的理解在语言、动作、表情等方面大胆地、富有创造性地表现角色的性格特征；主动阅读表演的相关内容，能改编或创编故事情节并进行表演；掌握一定的打击乐演奏技术，能较完整地演奏作品；能主动搜集资料，多方式、多渠道完成表演的准备工作

续表

关键经验	小班	中班	大班
表演体验与态度	对表演游戏和扮演角色感兴趣	对表演活动有兴趣，感受与同伴共同游戏的乐趣，享受表演活动的乐趣； 初步养成大方、自信等积极的个性品质	愿意主动地表现、展示自己，自信地进行表演，感受快乐、自由、自信的愉悦情绪

（六）美工区及游戏

美工区常常是幼儿很喜欢的区域（图1-6）。在美工区中，教师为幼儿提供丰富的美术材料和工具，创设自主愉悦的游戏氛围，鼓励幼儿发展多种美术技能，培养幼儿的兴趣与习惯，支持幼儿的大胆表现与创造（表1-7）。美工活动可以分为绘画、手工、欣赏三种类型，但是这三种类型不是单独存在的，而是相互依存的。绘画主要包括线描画、水墨画、水粉画、水彩画、版画、优化、蜡笔画、写生画等，手工主要包括剪纸、拼贴、撕贴、刺绣、扎染、泥工、雕塑、编制、折纸等，欣赏主要包括对名画、工艺品、风景等的感受与欣赏。

图 1-6　美工区环境图

表 1-7　美工区游戏活动关键经验一览表

关键经验	小班	中班	大班
兴趣与习惯	对美工区活动感兴趣，能愉快大胆地绘画，体验活动的快乐； 养成用完材料随时收整的习惯	愿意参加美工区活动，积极尝试独立完成自己选择的活动； 掌握正确的我比方法和作画姿势，初步养成工具、材料有序收整的好习惯	喜欢并积极参加美工区的各种活动； 能观察分析材料与创作内容之间的关系，有条理地安排自己的创作活动，并能有始有终地完成自己选择的活动内容

续表

关键经验	小班	中班	大班
感受与欣赏	喜欢观看具有鲜明色彩和简单造型的生活物品和艺术作品，对美工区投放的各种材料感兴趣； 能初步运用语言、表情等表达自己欣赏后的感受	能够专心地观看自己喜欢的艺术品，关注其色彩、形态等特征，有模仿和参与的愿望； 通过欣赏作品，了解作品的主题和基本内容，产生与作品一致的感受； 说出自己喜爱或不喜爱作品的理由，并对作品进行简单的评价	了解作品的表现手法、艺术风格和创作意图，欣赏不同风格的美术作品； 体验综合运用不同材料、不同形式创作的快乐，喜欢用各种形式的创作表达自己的想法和情感
表现与创造	初步学会自由选用自己喜欢的颜色作画； 能用基础图形、象征性符号及线条表现自己的想法和情感； 能用撕、拼、粘贴、折叠等方法象征性地表现物体大致的特征； 能创造各种图示并大胆按照自己的意愿进行创作	能较正确地把握形状的基本结构，理解形状符号的象征意义； 会选择与物体相似的颜色，按自己的意愿有目的地配色； 尝试用图形组合、拼贴、折叠等简单的方法表现物体的基本轮廓和主要特征，从而表达自己的想法和感觉； 活动中有自己的意愿和想法，不一味地模仿	能初步学会运用线条、形状表现力度，节奏与和谐，用一定的秩序和变化规律进行美术创作； 能有目的地安排画面，表现一定的情节； 对颜色变化有更强的辨析能力，能使用色彩自由地表现自己的情感和幻想； 能综合运用多种媒介塑造和表现较复杂的结构形体，能表现出物体的主要特征和细节，有目的地表达自己的思想和情感； 在自己的原有经验的基础上进行改变，创造与众不同的艺术形象； 在欣赏和评价他人作品时，能讲述自己独特的观点

美工区支持幼儿在与美术材料的互动中，了解不同材料的使用方式，用不同的美术工具和材料表现美、创造美，发展幼儿的专注力和创造性。

（七）其他常见区域

其他常见区域还有沙水区、感官区、生活区等。例如，一些幼儿园户外场地开阔，自然资源丰富，教师就可以围绕园所的特色开设沙水区；一些幼儿园倡导蒙台梭利的教育理念，教师就可以开设感官区、生活区等。尽管幼儿园的活动区设置各不相同，但教师都应基于幼儿的兴趣进行创设，支持幼儿的学习与发展。

三、幼儿园活动区设置的原则

由于我国幅员辽阔，各地区幼儿园区域活动所依据理论以及实践经验各不相同，这就导致在活动区的设置上也各不相同，因此本部分内容将阐述活动区从无到有的基本过程，也就是教师面对一间空无一物的活动室，科学合理地划分空间、为幼儿提供丰富的环境与材料的过程。每到学期初，教师接手新的班级时，首先要考虑的问题是：怎样设置班级的活动区？以下是幼儿园活动区设置的原则。

（一）科学合理的布局

空间布局的质量不仅会影响区域游戏活动的有效性，也会直接影响幼儿参与活动的积极性和主动性，甚至还会影响幼儿活动的专注力和持久性。因此，无论是哪个年龄的班级，无论活动室面积如何，班级中各个活动区空间布局都要遵循科学、合理的原则进行规划。

1. 动与静

在通常情况下，一个班级的活动室要同时开展几个区的区域游戏活动，这些活动有的喧闹、有的安静，因此动区与静区的分隔是教师首先要考虑的实际问题。例如，图书区需要光线充足且安静的环境，教师可将其合理设置在窗边，远离表演区，这样做既能保证充足的光线，又能提供幼儿安静阅读的环境。建筑区需要同伴之间频繁沟通，较为嘈杂，和其他区域联系不多，可以设置在离其他区域较远的地方，这样既能避免幼儿来回走动破坏搭建的作品，又能保证搭建活动的连续性。

2. 大与小

班级的空间不仅要用来开展区域游戏活动，还要用来进行集体教育活动和生活活动。因此，班内设置多少个活动区，不同区域占多大面积，区域活动面积与集体教育活动场地如何协调共存，是教师要考虑的第二个实际问题。空间大的活动室，活动区可以多设置一些；空间小的活动室，活动区就要有所取舍。每个活动区的大小应该依据幼儿的年龄特点、教师想要达到的教育目标、幼儿在区域中的活动频率等要素来确定。当然，对于区域的数量以及每个区域的大小，教师可以通过日常观察和幼儿活动需要不断地灵活调整。

3. 独立与联动

除了上述区域布局与位置选择外，教师还需要考虑到区域游戏活动之间的内部联系。在日常实践中，教师经常忽视各活动区之间的联动，导致活动区设置的随意性和盲目性，幼儿在区域游戏活动中就可能会出现热闹但不深入的状况，区域游戏活动的教育功能也就无法实现。因此，将功能类似的活动区进行相邻或相关的布局规划，能大大提高区域游戏活动的效益。比如教师可以将自然角与科学区相邻设置，使观察活动、科学认知有机融合。

（二）和谐有序的设计美化

区域环境是班级教育环境的基本构成，试想一下，如果我们走进一个空间布局有序、色彩搭配和谐的环境，是不是能带来视觉美感和心理愉悦呢？和谐有序的环境不仅能给幼儿带来美好的感官体验，还能激发他们更多主动、积极的行为。

1. 色彩的选择与搭配

幼儿的神经系统发育尚未完善，因此他们很容易被外界环境干扰，杂乱无章、色彩较多、缺乏美感的环境只会增加对他们的干扰。区域空间色彩的选择与搭配对于空间的整体和谐有着举足轻重的作用。

2. 墙面环境的内容与创设

幼儿一日生活的主要内容就是与其身边的材料、同伴、环境发生互动，所以活动区的墙面环境也是非常重要的。在创设区域墙面时教师要注重墙面环境的提示性、展示性、互动性。首先，墙面环境可以用来提示游戏的注意事项，包括游戏规则的提示、游戏难点的提示等，帮助幼儿在观察墙面的过程中习得秩序感，学习解决问题的方法；其次，墙面环境可以用来展示幼儿作品，有助于增强幼儿的自信心，如在美工区展示幼儿的作品，在科学区展示幼儿的实验成果图片等；最后，墙面环境可以用来增强互动性，如在科学区设置"挑战小明星"的墙面环境，支持幼儿参与墙面展示的闯关操作。通过墙面环境设置引导幼儿与墙面的互动，增强幼儿的参与感、体验感。

我来写一写

1. 下面关于幼儿园区域游戏活动的描述，你认为哪些是正确的？请在正确描述后面的圆圈内画√。

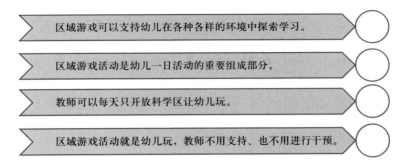

区域游戏可以支持幼儿在各种各样的环境中探索学习。　◯

区域游戏活动是幼儿一日活动的重要组成部分。　◯

教师可以每天只开放科学区让幼儿玩。　◯

区域游戏活动就是幼儿玩，教师不用支持、也不用进行干预。　◯

2. 你所在的班级中有哪些活动区，请在下方圈出来。

表演区	角色区	建构区	沙水区
语言区	科学区	美工区	自然角

其他区角：＿＿＿＿＿＿＿＿

我来练一练

　　假如给你一间教室，你会如何设置区域，设置哪些区域呢？请你将自己心目中和谐有序的班级活动区设置画在下方的空白处。

第二节   学会创设幼儿园游戏活动区

我来写一写

1. 你在班级中参与了哪些活动区的创设？请在下方圈出来。

表演区	角色区	建构区	沙水区
语言区	科学区	美工区	自然角

其他区角：＿＿＿＿＿＿＿＿＿

2. 你在创设活动区时有哪些困惑？请写在下方。

1.

2.

3.

一、骨干教师来支招儿

（一）语言区的创设 [①]

1. 小班语言区

小班语言区（图 1-7）应当采光良好，尽量设置在比较安静、不易受打扰的地方，营造一种安静、温馨的氛围，为小班幼儿提供良好的阅读环境。

小班的语言区可以铺上一层色彩柔和的地垫或地毯，再准备几个干净的抱枕或坐垫，这样可以吸引幼儿在语言区坐一坐、靠一靠、看一看、听一听。在内容的选择上，小班幼儿喜欢阅读有画面的阅读材料，因此教师应当为小班幼儿提供丰富的图画书、画册，优先选择画面大、形象突出、色彩鲜明的图画书，支持小班幼儿感知画面，促进视觉的发展。教师还可以布置故事情境墙，支持小班幼儿对故事内容的理解和感知。

---

① 案例作者：北京航空航天大学幼儿园，边晶、张倩。

图 1-7　小班语言区环境创设

2. 中班语言区

中班语言区（图 1-8），首先应当设置在采光良好的地方，建议设置在活动室东南角或西南角靠窗处，一是因为朝向南面的地方光线充足，二是考虑区域一侧是墙壁，能形成半开放式的格局，同时能吸引区域外的幼儿前来参与阅读活动。同时，教师要注意语言区尽量设置在比较安静、不易受打扰的地方，为幼儿提供良好的阅读环境。从中班开始，教师可以在语言区划分出展示区和听觉区，展示区可以将重点阅读图画书展开摆放在显眼的位置，便于幼儿发现并跟进阅读；听觉区可以投放故事音频、耳机、播放器等，幼儿不仅可以用眼睛看图画书，还可以用耳朵听故事。

图 1-8　中班语言区环境创设

教师可以在中班语言区中放置比较可爱的小桌子和小椅子；提供能够充分展现图画书封面、与幼儿身高相符的书架并贴好分类标志，方便幼儿取放。中班幼儿除了喜欢看图画书、听故事之外，还愿意讨论书中的故事内容，用动作解释书中发生的故事，猜想情节并对故事情节进行改编。因此，教师可以为中班幼儿提供手偶，支持幼儿表达；此外，教师还可以在材料和活动安排上支持语言区与角色区的联动，如边听故事、边做道具，共同表演，通过区域联动，实现幼儿对故事内容的理解和多元表达。

3. 大班语言区

在场地的选择上，大班语言区（图1-9）同中班一样，首先应设置在采光良好的地方，其次应尽量设置在比较安静、不易受打扰的地方，为幼儿提供良好的阅读

图1-9   大班语言区环境创设

环境。从大班开始，教师不仅可以在语言区划分出展示区和听觉区，还可以增加操作区和修补区，提供操作材料和修补材料，使幼儿在操作中积累相关的阅读经验，增强保护图书的意识。

大班幼儿已有初步的阅读和表达的经验积累，能够阅读更多的故事，复述或者用自己的语言讲述故事内容，因此教师需要准备种类更为丰富的图画书，如儿歌、故事、散文、谜语或科幻童话等，潜移默化地激发幼儿对文学作品的兴趣。大班幼儿愿意参与听、说、读、写的练习，教师可以准备笔和纸张，鼓励幼儿将阅读活动拓展到绘画、前书写活动中，进行故事的续编、仿偏、创编或自制图画书。同时，教师可以提供幼儿复述故事用的头饰和场景，吸引幼儿看一看、讲一讲、记一记。此外，修补区可以提供一些修补图书的剪刀、双面胶等，便于幼儿及时修补破损的页面，满足幼儿阅读与发展的需要。

（二）科学区的创设[①]

1. 小班科学区

图1-10   小班科学区环境创设

小班科学区（图1-10）需要小班幼儿专注地观察和操作，因此一般要设置在光线较充足、环境较安静的地方，以避免幼儿之间相互干扰。小班科学区中应使用分层的玩具柜或操作盒展示和收纳各种材料，以便幼儿自主取放。

在小班科学区中，教师应以发展幼儿的感知觉为主要目标，引导小班幼儿通过多种感官感知事物，激发幼儿的科学探究兴趣。

---

① 案例作者：北京市海淀区北部新区实验幼儿园，丁一、黄辉。

第一，材料富有趣味性或情境性。结合小班幼儿具体形象的思维特点，小班科学区中的材料要具有情景性、游戏性，形象、立体，富有童趣，有声响、色彩鲜明、富于变化。第二，材料要增强可操作性。小班幼儿正处于直觉行动思维到具体形象思维的过渡阶段，他们的认识在很大程度上依赖行动。幼儿可以通过看一看、摸一摸、闻一闻、听一听等多种感官来进行探索。第三，个别材料尝试投放简单直观的记录单。小班科学区的材料多数情况下没有记录单，个别材料可以有目的地投放记录单，幼儿以粘贴、涂色的方式进行记录。第四，玩具柜分类摆放，贴标签注意直观易识别。基于小班幼儿的年龄特点，教师可以直接将玩具的照片打印出来，贴在玩具柜和玩具筐上，这样更加形象直观。

2. 中班科学区

由于中班幼儿游戏水平提高，更愿意操作、摆弄科学区材料，所以中班的科学区的操作空间较小班来说要更大，便于幼儿自主选择、自主探究。

中班科学区（图1-11）的游戏活动内容丰富，会用到水、电、光等资源，所以教师在设置区域时要考虑邻近水源、电源、光源。同时，中班科学区的探索活动更加需要幼儿专注、耐心，动脑筋思考，所以不要将科学区与表演区等相对喧闹的区域设置在一起。随着科学区中游戏材料的增多，教师要将材料分类摆放，并贴上用数字、图形制作的标签，便于幼儿自主取放材料。

图1-11　中班科学区环境创设

在中班科学区中，教师可以投放记录单，鼓励幼儿进行个人记录。同时，教师要重视材料的层次性。投放材料要由浅入深、从易到难的逐步投放，将材料进行"细分"。幼儿能够按照自己的能力选择不同难易程度的材料进行个人操作探索或合作探究，并在不同层次的操作中获得完整的科学经验。此外，区域墙面可以将幼儿记录的结果以集体的方式呈现，也可以呈现幼儿发现的有规律的经验，还可以呈现操作方法的示意图，指导幼儿探究操作。

3. 大班科学区

大班幼儿科学探究的内容更加丰富，所以科学区（图1-12）可以细分为资料区、工具区、实验区、制作区、游戏区、分享区等，便于幼儿的自主学习。同时，为了满足幼儿探究的需要，教师可以设置专门的操作台，便于幼儿实验、记录。

在大班科学区中，教师应重视对实验过程的记录和描述，投放记录表供幼儿

图 1-12 大班科学区环境创设

进行个人记录。幼儿可以用多种符号记录自己的探究过程和结果。教师在投放活动材料时，应从难易度上体现层次性，使不同水平的幼儿都能够选择到适合自己的材料及方法进行操作、探索，有效促进每个幼儿在原有的基础上得到发展。大班科学区墙面应呈现幼儿探索的过程，鼓励幼儿用多种方式表现、交流探索的过程、方法和结果，从而增加幼儿自由探索和自我学习的机会，促进幼儿之间的相互学习与交流。幼儿在看示意图进行操作的过程中，可以逐渐掌握自主学习的方法，发展自主学习和自主探究的能力。

此外，在大班科学区中创设规则墙饰十分重要，因为规则的建立对于科学区来说是很关键的，这样做有利于培养幼儿严谨的科学态度和良好的秩序感。

（三）建构区的创设 [①]

1. 小班建构区

根据活动室格局和空间，小班建构区（图 1-13）应选择相对独立的区角空间位置。由于建筑区材料（如实心积木）相对比较沉重，教师可以将装置积木的玩具柜靠立墙角或墙边固定放置，以确保幼儿游戏过程中的安全，也有助于实心积木和建构材料摆放的稳定性和安全性。除此之外，建筑区与动区相呼应，如表演区、角色区等；与静区相分隔，如语言区、美工区等。

图 1-13 小班建构区环境创设

---

① 案例作者：北京大学附属幼儿园，张帅、谢珍金、韩杰。

教师要选择宽阔、平坦的空间环境设置建构区，为幼儿建构游戏提供足够的空间，支持小班幼儿的自主探究游戏。区域内环境创设应主要结合小班幼儿年龄特点，以暖色调为主，营造温馨的氛围，增强趣味性。墙面可以用棉花、无纺布等较软质地的材料进行制作，呈现立体、柔软的感觉，激发幼儿到建筑区游戏的愿望。

2. 中班建构区

中班活动室空间变大，幼儿活动范围也随之扩大，教师可以利用班级有限的空间进行区域位置规划。由于建筑区是一个供幼儿进行立体搭建的区域，至少要能满足 4～5 名幼儿同时进行搭建和最终作品展示的需求，同时它是一个发挥幼儿创造性的开放性区域，因此中班建筑区（图 1-14）的位置要空间大、

图 1-14　中班建构区环境创设

地面平整、位置开阔、还能够向外继续扩展。另外，幼儿升入中班后搭建水平会逐步提高，建筑作品规模也会逐渐扩大，幼儿搭建时间也会变长。为了保留幼儿搭建作品的固定位置，教师可以在相对比较安静的位置选择设置固定区域，用积木柜将建筑区与其他区域隔断开来。

教师可以与中班幼儿共同讨论区域规则，并做成海报贴在建构区墙面的明显位置。墙面的其他部分，教师可以根据幼儿的喜好，提供常见的建筑物图片，积木搭建方法的图片，或是呈现幼儿的问题，进行作品展示。

中班相比小班积木种类更多，分为主题实心积木和基础实心积木，教师可以继续沿用原来的标识，巩固幼儿对标识的理解。

3. 大班建构区

大班幼儿能够搭建出有场景、有情节的较高水平建筑群，根据这一特点以及班级教室的结构布置，教师可以与幼儿共同协商、讨论进行建构区位置的选择与设置。大班建构区的场地应较宽敞、平整，且位置还应能够根据今后搭建活动的需求继续向外扩展。

以图 1-15 为例说明：

（1）地面铺设干净、整洁的地垫。

（2）隔断柜上贴着孩子们共同商讨并自制的建构区相关规则图片。

（3）积木柜里贴上了孩子们自制的相应积木和辅助材料相关标识。

图 1-15　大班建构区环境创设

（4）根据主题背景下的区域活动，教师在背景墙上分为了 4 个版块：我的构想与设计，搭建中遇到的问题，解决问题的不一样办法，我们成功的秘诀。

（四）角色区的创设 [①]

1. 小班角色区（以娃娃家为例）

小班角色区（图 1-16）的主题可以以家庭生活为主，场地布局要明亮、宽敞，营造温馨的感觉。在场地布局上，教师可以用柜子、屏风或积木将娃娃家分隔成"厨房"和"卧室"，娃娃家的环境创设应贴近家庭并充满童趣。

图 1-16　小班角色区环境创设

小班角色区的布置设计要像家一样，投放的玩具与道具最好是家庭中常见的物品。卧室里可以放置常用家具，如小床、小桌子、小沙发、小衣柜等。在厨房可以摆放厨具，如小灶台、小锅、小碗等。教师还可以在娃娃家里挂上一张幼儿家庭合影，地面可以铺上地垫或地毯，让幼儿感到温馨、亲切、有安全感。此外，教师还需准备娃娃玩具，一些反映角色特征的服饰、道具或小标志，使角色扮演更加形象逼真，让幼儿在娃娃家游戏时感到放松，乐于扮演家庭中的角色，在体验亲情的游戏中得到内心的满足。

2. 中班角色区（以餐厅、水吧为例）

中班幼儿喜欢生活模仿游戏，教师在班级中可以创设小餐厅或小水吧（图 1-17），让幼儿在角色游戏中再现生活中人物的动作和语言等，充分开展角色扮演活动。小餐厅、小水吧可以创设在宽阔的楼道或班级一角，最好区域宽阔，划分出操作区和餐饮区，两个区域有明显的划分。操作区空间要适合 3 ～ 4 名幼儿操作，餐饮区可以根据空间设置摆放小桌椅。

---

① 案例作者：北京实验学校（海淀）幼儿园，秦晓莹、贾晓秀、张超。

图1-17 中班角色区环境创设

小餐厅或小水吧可以投放能够使用的小碗、小杯子、小勺、小托盘等真实餐具或玩具厨具，并提供制作食物的玩具和果蔬模型等。游戏材料应真实、耐用，也可以师幼共同收集和制作。提供厨师、服务员的服装，创设收银台的场景并投放材料，尽量再现幼儿熟悉的生活场景。

3. 大班角色区（以小超市为例）

大班角色区的主题更加丰富多样，小超市（图1-18）是幼儿在生活中经常接触并喜爱的场所，所以幼儿会对超市购物产生兴趣。小超市比较适合设置在宽阔的楼道，或者活动室中比较宽敞的区域。教师可以用隔断设置出入口，入口处放购物筐，出口处设置收银台。

小超市内可以用各种柜子或架子当货架，用来放置琳琅满目的"商品"。

图1-18 大班角色区环境创设

周围墙面可以张贴购物方法、宣传广告、商品种类等海报。同时准备经营超市游戏所需的道具，如商品、收银员和店员的服装等。教师可以根据幼儿日常生活中常接触的商品，开设幼儿熟悉的货架，如玩具架、学具架、衣帽架等。商品来源可以是真实的物品，也可以是教师、幼儿自制的商品。幼儿可以为超市里的商品制作价格标签。需要注意的是，教师应在开展超市游戏前，丰富幼儿有关货币和买卖交易方面的常识，并在收银区投放游戏货币。

（五）表演区的创设[①]

1. 小班表演区

根据小班活动室格局和空间，教师可以选择相对独立的区角空间设置表演区

---

① 案例作者：北京大学附属幼儿园，韩杰、谢珍金、张帅。

（图1-19）。例如，班级中若有独立的活动室和睡眠室，则可以将睡眠室作为表演区；若只有一间活动室，则可以选择空间相对大一些的角落进行区角布置。表演区

图1-19　小班表演区环境创设

中需要有相对独立的表演场地，更换服装的场地以及观众席。除此之外，表演区应与动区相呼应，如建筑区、角色区等；与静区相分隔，如语言区、生活区等。

小班表演区应选择宽阔、平坦的空间环境，为幼儿表演游戏提供足够的空间，支持幼儿自主表演游戏。区域环境创设应主要结合小班幼儿年龄特点，色调以暖色为主。舞台包括幕布和纱帘，体现温馨、可爱的氛围。墙面可以张贴跳动的音符或是键盘、不同乐器的装饰设计，可以用棉花、无纺布等较软质地的材料进行制作，激发幼儿到表演区游戏的愿望。小班表演区的墙面环境创设更多的是帮助幼儿感知与欣赏，教师也可以设计具有互动性的教育墙饰。

2. 中班表演区

中班幼儿在音乐、表演活动中，肢体表现和创作都有了更丰富和独特的感受，幼儿在游戏活动中经常会自发地用唱歌或舞蹈表达情感，所以教师应在表演区的创设中提供丰富的材料和道具，为幼儿提供一个展示自我的舞台，让幼儿有充分的自由表现机会，激发幼儿在艺术活动中的表现力、创造力以及感受力。

中班表演区（图1-20）中的游戏活动是以幼儿为主体，进行音乐伴奏、歌舞唱跳，或者故事表现等形式为主的表演活动，加之表演活动通常需要多媒体的支持，需要有电源和屏幕，因此教师可以将电子屏幕作为舞台背景进行布置。

图1-20　中班表演区环境创设

在表演区中，舞台的创设既能够营造表演氛围，又能够为幼儿带来仪式感。教师可以使用轻纱布置舞台的两侧，地面铺设绿色地垫作为舞台，后期请幼儿自己动

手制作装饰物，在轻纱和屏幕周围进行装饰，增加氛围感。墙面距地面约一米处的区域留给幼儿作为区域主题背景，展示幼儿表演的照片。除了舞台的布置外，表演区内还可以划分出两个小区域：一个是放乐器的区域，另一个是放服装道具的区域，幼儿可以根据自己的需要自主选择表演内容、形式和道具。

3. 大班表演区

表演区是一个能使幼儿充分发挥想象能力、表达自我的区域。在表演区，幼儿可以无拘无束、尽情地展示自我。大班表演区（图 1-21）除了需要相对宽阔的场地，还应该尽量避开安静的益智区和图书区。由于表演游戏是开放的，所以在区域设置上不应过于封闭，可以有多个入口，增强开放感和互动感。最后教师应结合班级多媒体设备的位置，设置舞台或表演范围，方便幼儿进行录制和播放。

图 1-21　大班表演区环境创设

（1）小舞台的创设要能够营造欢乐的氛围，化妆区、乐器区和服装道具区独立设置；乐器分类整理，并与标签对应摆放有序。

（2）表演区环境创设要做到环境美与活动的主题相结合。例如，当表演区的主题为"走近京剧"时，区域内除了要有京剧相关元素的背景墙布置，还要给幼儿提供与京剧相应的头饰与配饰，以及相关京剧脸谱、面具、纱巾、披风、塑料件、饰品、彩绘笔等，使得区域活动与主题活动有机结合。

（3）表演区的环境设置还要与自然环境相协调，让幼儿从中感受到大自然的和谐美，把表演区的环境与美景融合起来。

（4）呈现近期剧目演出的相关剧名、场次等。

（六）美工区的创设[①]

1. 小班美工区

根据小班教室格局和空间以及幼儿创作、展示作品的需求，美工区可以选择相

---

① 案例作者：北京实验学校（海淀）幼儿园，艾彦晴、马宇娟、王辰予。

对宽敞的空间位置，便于幼儿取放材料（图1-22）。在美工活动中，幼儿常会使用印泥、颜料等，因此美工区要邻近盥洗室，便于幼儿取水倒水、清洗画笔、涮笔筒

图1-22 小班美工区环境创设之一

等。结合小班幼儿的年龄特点和发展水平，美工区需要靠近墙面，通过墙面环境创设提供支持。幼儿在进行美工制作和创意制作时需要较为安静的环境，便于幼儿专心创作，因此美工区可以和静区相邻，远离动区（如表演区、建构区、娃娃家等）。

小班美工区需结合幼儿年龄特点和能力发展水平进行环境创设，在创设美工区环境时，教师可以选择颜色鲜艳、协调的不织布、海绵纸、瓦楞纸等，还有幼儿喜爱的卡通形象，如小兔子、小熊猫、小汽车等，创设有趣的情境，色彩鲜艳、形象可爱、富有情境性的美工区环境非常吸引幼儿，激发幼儿进美工区游戏的兴趣（图1-23）。结合小班幼儿年龄特点，教师可以在美工区设置一块涂鸦墙，满足小班幼儿涂涂画画的需要。对于小班幼儿来说，利用墙面进行一些材料和工具的使用提示是必要的，这种做法能够支持幼儿的自主性发展。墙面还可以进行一些作品欣赏和幼儿作品展示，创设一些幼儿感兴趣的游戏情境，利用展示柜打造游戏场景，让幼儿的作品更有意义，引导幼儿有目的地进行手工制作。

图1-23 小班美工区环境创设之二

2. 中班美工区

教师在设置美工区时要以幼儿为主体，要满足本班幼儿对美工区的需求，从便于幼儿创作的角度出发，进行美工区的创设。升入中班后，幼儿的美工制作水平有所提高，幼儿的创作空间也相应增大，因此，教师可以根据本班区域设置情况适当增加美工区的面积，给予幼儿更大的创作空间（图1-24）。同时，美工区要邻近盥洗室，便于幼儿取水、倒水、清洗画笔等。

图1-24 中班美工区环境创设之一

美工区除了给幼儿提供美工创作的空间和材料外，还应具有教育意义和审美价值，因此，教师在创设美工区时要重视色彩的搭配、装饰材料的选择等，可以结合本班整体环境创设和谐的美工区环境（图1-25）。

升入中班后，幼儿的美术技能有了一定的提高，教师要根据现阶段幼儿的发展水平和教育目标投放适宜的工具，如技能支持图等，支持幼儿的自主学习和创作。教师还可以结合本班的教育目标提供艺术欣赏作品，如大师画、线条画等，激发幼儿创作的灵感和欲望。中班幼儿需要更大的作品展示空间，教师可以充分利用墙面、柜面、展示等，使用多材料、通过多种方式进行展示，如将幼儿作品粘贴在日历上，将幼儿作品制作成画册，用相框、玻璃罩、多层蛋糕托展示幼儿作品，既立体又富有艺术感。

3. 大班美工区

大班幼儿对艺术创作的需求更高，因此在创设美术区时，教师可以和幼儿共同协商，决定美工区的位置、面积等（图1-26）。大班幼儿在进行艺术创作时，会需要丰富多样的材料和工具，所以大班美工区的柜子可以适当增加。考虑到大班幼儿的能力水平，幼儿的作品会更加复杂，规模也会更大，可能需要几天时间才能完

图 1-25　中班美工区环境创设之二

成，因此要预留出一定空间，放置幼儿未完成的作品，以便下次活动时继续制作。大班美工区可以和主题活动结合，延伸主题墙，还可以与其他区域进行联动，进行作品欣赏和展示等。

图 1-26　大班美工区环境创设之一

升入大班后，幼儿活动的自主性更强，在创设大班美工区环境时，教师要充分考虑幼儿的主体地位及幼儿的需求，与幼儿共同协调美工区的创设，如共同协商、制定规则，为幼儿提供支持（图示、材料、工具）等，满足幼儿的自主创作。同时，教师要给幼儿提供自主性表现与创造的机会，这就需要更多的作品展示空间（图 1-27）。

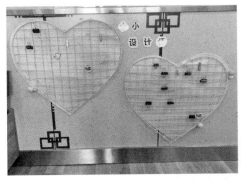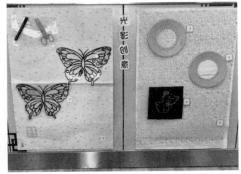

图 1-27　大班美工区环境创设之二

二、新手教师来实操

（一）讲故事

实践内容： 请回顾自己在班级中的活动区创设，你创设了哪些活动区？是如何创设的？在创设区域时有哪些思考？请向同组教师讲述一个典型的、优秀的区域创设的案例故事。

实践步骤：

1. 你可以和你的同事讲，也可以和与你一起参加培训的小组成员讲。

2. 案例应描述区域创设的背景、创设的目标，讲述区域创设过程中教师在设置区域位置、投放区域材料中的思考，幼儿在游戏中有哪些表现。

任务单 S1.1.1
区域创设案例分享
案例背景（年龄班、时间、地点、幼儿已有经验等）：

续表

区域目标（通过区域游戏活动想要达成的目的）：
创设过程（区域位置、投放材料的过程与思考，分享幼儿游戏表现）：
结果（分享教师使用了哪些创设的策略、效果如何）：
讲述人： 讲述时间：

3. 在相互讲述的过程中，请你总结出同伴有哪些好的区域创设思路，你可以怎样借鉴。

任务单 S1.1.2

1.

2.

3.

4. 举例说明你对班级区域创设理解和支持不足的地方，然后说一说你想重点改进的三个方面。

任务单 S1.1.3

简要描述不足：

我的思考与改进：
1.
2.
3.

（二）区域观摩

1. 观摩目的

（1）重点观察教师是如何进行区域空间划分的。

（2）观察教师如何进行材料的投放。

（3）观察幼儿在区域中的游戏情况。

2. 观摩前的准备工作

（1）经验准备

教师掌握区域创设的策略和要点。

教师掌握区域观摩的目标，在区域观摩中的注意事项等内容。

（2）物质准备

观摩工具；手机、相机等拍摄工具。

3. 观摩过程中需要使用的工具

任务单 S1.2.1		
教师区域创设观摩表		
观察时间：	观察地点：	观察者：
观察对象：	班级：	带教教师（职称）：
观察区域：□班级整体区域创设　□美工区　□语言区　□表演区　□建构区　□科学区 □自然角　□角色区　□文化区　□其他区：_____		
班级区域划分设计图		
区域材料如何投放的? ● 是否便于取放 ● 是否有适宜标志 ● 是否安全 ● 材料能否支持区域创设的目标	我观察到的：	

续表

	我观察到的：
幼儿在区域游戏中的状态？ ● 是否有幼儿在区域游戏 ● 幼儿在游戏中的状态如何	

	我认为值得学习的地方：	我认为可以改进的地方：
教学反思与改进	1. 2. 3.	1. 2. 3.

（三）点睛回顾

1. 幼儿园区域的创设应听从幼儿心声

班级中可以创设很多不同的区域，一般每个班级创设 5 ～ 6 个区域即可。那么教师具体应该选择哪些区域，如何进行创设呢？

（1）观察和发现幼儿的兴趣。教师可以结合幼儿的兴趣进行区域的创设。例如在 2024 年巴黎奥运会之际，班级可以结合幼儿对奥运会的兴趣创设运动区等相应区域。实际上，区域并不是固定的、一成不变的，教师要根据幼儿的兴趣进行创设与调整。

（2）追随幼儿探究的需要。在班级开展主题活动时，教师可以追随幼儿在主题活动中的探究方向进行区域的创设。例如，在班级开展"上班真有趣"的主题活动中，角色区可以结合主题开设"理发店""学校"等社会机构，支持幼儿的深度探究。

2. 幼儿园区域的创设应支持幼儿的主动学习

班级中的区域创设应能够支持幼儿在自主游戏中进行主动学习，"有准备的教师"应为幼儿提供自主游戏的氛围与环境，更好地支持幼儿的游戏。

（1）创设主动学习的氛围：根据活动室情况，教师对不同活动区的划分要合理，符合动静分隔的原则。例如图书区等安静游戏的区域应尽量远离"吵闹区域"，提供给幼儿适宜的游戏氛围是十分必要的。

（2）提供主动学习的材料：材料应该是适宜的，能够支持幼儿自主探索，符合幼儿年龄特点和需要。在第二章中，我们会详细介绍区域中的材料应如何投放，以便支持教师更好地了解区域游戏材料。

我来写一写

1. 你在班级中参与了哪些活动区的创设？请在下方圈出来。

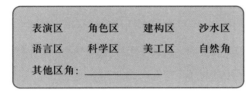

表演区	角色区	建构区	沙水区
语言区	科学区	美工区	自然角

其他区角：＿＿＿＿＿＿＿＿

2. 你在创设活动区时还有哪些困惑？请写在下方。

1.

2.

3.

我来练一练

请你以语言区为例，谈一谈一个科学合理的语言区应如何创设，可以从环境创设、材料投放等方面切入。

第三节 反思自身是否理解幼儿园区域游戏活动

我来写一写

请你根据自己对幼儿园区域游戏活动的理解，尝试完成以下内容的填写。

请写出幼儿园区域游戏活动的内涵：

请写出三条区域游戏活动的原则：

请写出六个常见的活动区：

请写出三条活动区创设的策略：

一、反思自身是否理解幼儿园区域游戏活动

在学习了本章内容后，请以小组为单位或与你身边一同学习的伙伴围绕以下要点展开讨论并进行记录。

任务单 F1.1.1	
讨论要点	反思记录
关于幼儿园区域游戏活动的内涵，你印象最深的三点是什么？	
幼儿园活动区创设的要点有哪些？至少写三点	
创设幼儿园活动区的策略有哪些？	
请举例说明，你是如何创设班级活动区的？	

二、反思自身是否能够合理创设幼儿园活动区及区域游戏活动

在学习了本章内容后，请以小组为单位或与你身边一同学习的伙伴围绕以下要点展开讨论并进行记录。

任务单 F2.1.1

讨论要点	反思记录
你觉得创设活动区及区域游戏活动要重点关注哪些方面？请写出三点	
你觉得区域游戏活动创设有哪些好的办法？请至少写出三条	
请举例说明，你是怎样做到创设一个优秀的活动区及区域游戏活动的？	
除了上述设计要点，你还能补充哪些注意事项？	

‖【我走到了这里】

亲爱的老师，我们要结束本章的学习了。请你思考以下问题，在表 1-8 中最符合自己情况的方框内画 √，据此了解自己的学习效果。

表 1-8　教师自评表

项目	我走到了这里			
	一级水平	二级水平	三级水平	四级水平
1. 关于幼儿园区域游戏活动的内涵	□我还不了解幼儿园区域游戏活动的内涵	□我知道幼儿园有区域游戏活动，但不清楚具体是指哪个环节	□我知道幼儿园区域游戏活动是幼儿一日生活中的重要组织形式	□我非常清楚区域游戏活动的内涵，明确区域游戏活动的关键点
2. 关于幼儿园区域游戏活动的价值	□我还不了解区域游戏活动对幼儿学习与发展有一定的教育价值，也觉得没有必要开展区域游戏活动	□我知道区域游戏活动对幼儿学习与发展有一定的教育价值，并且在班级中开展区域游戏活动	□我了解区域游戏活动对幼儿学习与发展有较高的教育价值，并且在班级中积极开展区域游戏活动	□我非常清楚区域游戏活动对幼儿学习与发展的多元价值，并且在班级中高质量开展区域游戏活动
3. 关于幼儿园区域游戏活动的目标	□我还不知道区域游戏活动需要设计教育目标	□我知道区域游戏活动需要设计教育目标，但不清楚如何设计	□我了解 1~3 个区域应该如何设计区域游戏活动目标	□我能够了解不同区域游戏活动目标的设计，且教育目标设计适宜

- ◦【拓 展 阅 读】◦ - - - - - - - - - - -

［1］王微丽，霍力岩．幼儿园区域活动材料：环境创设与活动设计方法 [M]．北京：中国轻工业出版社，2018.

该书首先针对幼儿园班级中的各个区域详细介绍了如何创设区域环境、设计与投放区域材料，接下来通过大量实例示范了如何利用材料引导幼儿开展区域活动，然后通过案例分析提出了关于幼儿园教师支持幼儿主动学习的建议，接着阐述了教师该如何观察、记录和评价幼儿在区域游戏活动中的表现，评价材料的合理性与不足，并有针对性地调整材料，为幼儿的后续发展做好准备。

［2］坎姆博尔，等 . 多元智能教与学的策略：第 3 版 [M]. 霍力岩，沙莉，孙蔷蔷，等译 . 北京：中国轻工业出版社，2020.

该书作者在细致地阐述每一种智能的定义、特征、学习过程和学习环境创设的基础上，通过大量实例详细地介绍了将八种智能应用于教育教学的策略，对幼儿园教师具有较强的实践指导性和借鉴意义。

幼儿园区域游戏材料是什么与如何做

第二章

学习目标

学习本章内容后，你将能够更好地：

1. 加深对区域游戏材料的认识。

2. 了解区域游戏材料的特点。

3. 自制具有教育价值的区域游戏材料。

ⅰ【想一想】

今天入园时小宝很开心，因为赵老师告诉大家班级中的区域游戏材料会在今天更新。一会儿就是区域游戏活动时间了，昨天离园时大家都已经选好了自己最想去的活动区，小宝的选择是益智区。

益智区里的新材料有"民族娃娃""川剧变脸""好玩的蒲扇"。小宝选择了"川剧变脸"材料，他拿着材料托盘高兴地返回到自己的座位上。坐在座位上的小宝翻了翻材料，发现只有几张塑封的脸谱图片和一张记录单。"这应该怎么玩呢？"小宝把托盘里的材料仔细翻看了一遍，还是没有线索，抬头看了看，赵老师还在美工区指导其他小朋友。小宝静静地坐了一会儿，看着隔壁桌正在操作"民族娃娃""好玩的蒲扇"材料的小伙伴们，然后起身把材料托盘放回了原处，返回座位，站在正在操作"民族娃娃""好玩的蒲扇"材料的小伙伴们身边，欲言又止。赵老师询问小宝："为什么不喜欢操作这些材料？"小宝说："不好玩。"

请你基于上述案例思考以下三个问题：

（1）为什么小宝觉得这份材料"不好玩"？

（2）你认为什么样的区域游戏材料是"好玩"的？

（3）你平时会提供什么样的区域游戏材料？请以某个活动区为例说明。

【我从这里出发】

亲爱的老师，我们即将开启本章的学习。在学习本章内容之前，请你先思考以下问题，并在表 2-1 中最符合自己情况的方框内画√，据此了解自己将从哪里出发。

表 2-1　教师自评表

项目	我现在在这里			
	一级水平	二级水平	三级水平	四级水平
1. 关于幼儿园区域游戏材料的内涵	□我还不了解幼儿园区域游戏材料的内涵	□我知道幼儿园有区域游戏应投放不同材料，但不清楚具体如何投放	□我知道幼儿园区域游戏材料是教师有准备、有目的进行投放的	□我非常清楚区域游戏材料的内涵，知道区域游戏材料对于幼儿游戏的价值
2. 关于幼儿园区域游戏材料的价值	□我还不了解区域游戏材料的教育价值，觉得材料是否投放不重要	□我知道区域游戏材料对幼儿学习与发展有一定价值，但是不清楚如何投放	□我了解区域游戏材料对幼儿学习与发展有较高的教育价值，并且在班级中积极投放材料	□我非常清楚区域游戏材料对幼儿学习与发展的多元价值，并且乐于研究区域游戏材料
3. 关于幼儿园区域游戏材料的投放	□我还不了解区域游戏材料需要有目的的设计与投放	□我知道区域游戏材料需要根据幼儿兴趣、班级活动进行投放，但是不清楚投放什么材料	□我了解 1～3 个区域应该如何投放区域游戏材料，幼儿使用率较高	□我能够根据不同区域游戏活动内容投放适宜的区域游戏材料，并在游戏中不断调整和改进材料，幼儿使用率高
4. 关于幼儿园区域游戏的自制材料	□我还不了解区域游戏材料需要自制材料，且不愿意自制	□我知道区域游戏材料需要根据幼儿兴趣、班级活动进行投放，但是不清楚自制材料的内涵与价值	□我能够设计 1～3 个区域游戏的自制材料，幼儿使用率较高	□我能够根据不同的教育目标和班级教学需求设计自制材料，幼儿使用率高

第一节　理解区域游戏材料的内涵、价值与特点

我来写一写

1. 雪花插片是幼儿园常见的区域游戏材料，请你说一说这份区域游戏材料的特点。

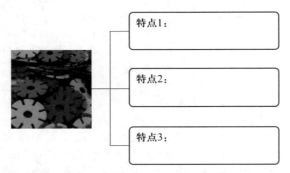

特点1：

特点2：

特点3：

2. 区域游戏材料的特点有哪些？请在从下列椭圆形中选取相应内容填充至树状图内。

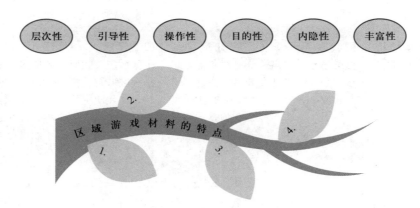

一、何为幼儿园区域游戏材料

（一）游戏材料

在学前教育的语境下，材料多指幼儿游戏所使用的材料，是幼儿园中一种主要的教育工具与游戏道具。游戏材料是幼儿在一日生活中互动最为密切的"伙伴"，

对于幼儿园教师而言，游戏材料应该是教师有准备、有目的地支持幼儿学习与发展的材料。

游戏材料应该安全、可操作、丰富并适合幼儿的发展水平。《纲要》要求幼儿园的空间、设施、活动材料和常规要求等应有利于引发、支持幼儿的游戏和各种探索活动。在区域游戏活动中，教师应为兴趣、能力各异的幼儿提供丰富多变、适于其发展的材料。幼儿在区域游戏活动中通过自身的操作，同游戏材料进行互动，能够增强动手实践、社会交际及言语交流等诸多能力。《规程》指出，幼儿园应当因地制宜创设游戏条件，提供丰富、适宜的游戏材料。由于幼儿的自主性游戏每天都在开展，他们会根据自己的意图选择不同游戏材料进行游戏，开启探索世界的大门，所以幼儿园各活动区中的游戏材料都会不同程度、不同层次地发展幼儿各方面的能力。

游戏材料的价值是多元的。游戏材料能够支持幼儿的学习兴趣、人际交流、参与活动的积极性以及动手能力，在一定程度上对游戏的内容和性质产生影响。可以说，没有材料，就没有学习。在幼儿的游戏活动过程中，材料的种类、数量、性质和搭配与幼儿的游戏活动质量息息相关，所以提高游戏活动的质量和复杂程度往往可以通过增添游戏材料来实现。物质材料是幼儿学习的基本条件，他们的发展是与不断丰富的物质材料进行互动的结果。

综上所述，区域游戏活动的教育功能主要是通过游戏材料来实现的，游戏材料会直接影响幼儿活动的质量。心理学家皮亚杰指出，一个被动的观察者无法得到知识，个体必须通过在分析种种活动中自行挖掘或建立知识，儿童的主动活动与教师根据目标精心设计的丰富多彩的活动环境及投放的材料有着密切的关系。

（二）区域游戏材料

区域游戏材料，简而言之，就是投放在幼儿园活动区中的各种游戏材料。《指南》指出，成人要为幼儿创造游戏的物质环境和条件。材料是支持幼儿开展游戏活动的物质媒介，教师在班级活动区中有意图地投放区域游戏材料，对于幼儿区域游戏活动的开展具有重要意义。区域游戏材料通常可以分为三类：低结构化材料、高结构化材料和半结构化材料。

什么是结构化材料？结构（structure）一词源于拉丁词 structura，本义是构成、组成、建造的意思，是指各组成要素之间相对稳定的联结关系的总和。结构化材料的概念是从科学教学中对材料结构的概念而来，这其中的结构化是指材料内在的关系。简单来说，结构化材料在教学中是指各个材料之间、材料与教学内容和教学目标之间具有的联结关系，它是教师精心设计的、具有典型教学意义的材料的组合。根据材料的结构化程度，或材料能否引发幼儿单种或多种行为的角度，材料可以分为高结构化材料和低结构化材料。高结构化材料是指只有一种固定的玩法，功能比较单一的材料，主要包括表征性材料、教育性材料、运动性材料等。一般来说，高结构化材料能较多地引发幼儿的学习行为，而低结构化材料则会较多地引发幼儿的游戏行为。

低结构化材料通常没有固定的目标指向性，材料简单、可变性强、可塑性高。材料本身并不会特意限制幼儿该如何去玩，幼儿可以自行创造多种多样的玩法。在幼儿园中，常见低结构化材料有建构区的积木、易拉罐，美工区的筷子、纸杯、纸箱等。

高结构化材料目标指向性比较强，通常有自己固有的形状、结构，蕴含着已建构好的知识体系，有一定的说明以及玩法规定，操作时有一定的规律可循。在幼儿园中，益智区的很多玩具都属于高结构化材料。

半结构化材料的内部既具有一定预设的操作逻辑，又保留供幼儿自主探索发挥创意的空间，有利于培养幼儿的创造能力、问题解决能力，发展幼儿思维的灵活性，常见于部分拼图类材料、测量工具、多米诺骨牌以及各类教师自制游戏材料。

二、幼儿园区域游戏材料有哪些价值

区域游戏材料是教师根据幼儿发展特点和水平设计的，蕴含着教育目标、隐藏着操作线索，需要幼儿动脑思考、动手探索的区域游戏活动的主要对象。区域游戏材料都有哪些价值呢？

（一）区域游戏材料可以促进幼儿关键经验的发展

关键经验是幼儿在各领域学习与发展中需要直接获取的重要经验。所谓"关键"，是指这些经验是幼儿应该学习和了解的有重要意义的经验。所谓"经验"，通常指感觉经验，即人们在同客观事物直接接触的过程中，通过感觉器官获得的关于客观事物的现象和外部联系的认识。[①] 关键经验在幼儿的经验系统或经验结构中起着节点和支撑作用，在幼儿园区域游戏活动中，不同区域所指向的关键经验各不相同，教师投放的各类区域游戏材料能够有效支持幼儿通过区域游戏活动发展各类关键经验。下面我们以语言区、科学区、建构区进行说明。

语言区游戏材料的活动目标主要指向幼儿语言表达、前阅读、前书写等能力的发展。例如，教师在语言区投放手偶、纸偶、拉线木偶等幼儿感兴趣的人偶形象，

---

① 霍力岩，高宏钰. 关键经验：基本内涵与主要特征 [J]. 幼儿教育，2015，671（31）：16–18.

幼儿可以借助这些游戏材料再现故事情节，还可以把自己平时听到的故事结合在一起，通过自己的再创造进行表演。中班、大班幼儿还可以将手偶与美工材料进行联系，自己创作画图书。幼儿可以借助手偶将图画书的内容进行复述和表演，增强与同伴之间的对话（图2-1），也可以在玩一玩、演一演中提升语言表达能力、前阅读能力与前书写能力。

图 2-1　幼儿在区域游戏活动中发展关键经验 [①]

　　科学区游戏材料的活动目标主要指向幼儿探究兴趣与探究能力的培养，帮助幼儿学会观察、实验、记录。如小班常见的科学区材料"感官箱"，幼儿通过摇晃瓶子用听觉辨别大米、豆子、纸屑等物质发出的声音，用嗅觉辨别醋、乙醇、汽油等液体的气味，从而意识到可以用不同的感官感知身边常见物品的特征。在中班科学区"小车竞赛"游戏中，教师会为幼儿提供坡道、小球、小车等材料，引导幼儿对小球和小车从不同材质、不同高度的坡道上滚下时的不同现象进行观察比较。在大班科学区"不倒翁"活动中，教师为幼儿提供蛋壳等材料，幼儿需要细心、耐心、专注地进行操作，通过观察和实验积累有关平衡的经验。

　　建构区游戏材料的活动目标主要指向幼儿空间认知、计划性、合作性等经验的发展。如在中班、大班建构区中，教师除了提供一些参照性图片材料外，还会为幼儿提供一些记录与绘画材料，引导幼儿有计划地开展游戏活动，先设计、再建构，并尝试记录自己的建构过程或建构结果。游戏过程中所形成的设计与记录材料，又可以为幼儿后续回顾与反思、同伴交流与改进提供支持。

---

① 图片来源：北京航空航天大学幼儿园。

（二）区域游戏材料可以促进幼儿学习品质的发展

学习品质是指能反映幼儿自身以多种方式进行学习的倾向、态度、习惯、风格等因素，涵盖幼儿的主动性、抗挫折力、目标意识、好奇心、想象力与创造能力，独立性、坚持性和专注程度。学习品质直接影响幼儿的学习效果，并对其人格发展起着重要的作用。区域游戏材料的新颖性、趣味性，总能刺激幼儿的眼球，拨动幼儿的心弦。当幼儿在活动区发现全新的、有趣的材料时，他们会产生一连串的问题：这个东西是做什么的？怎么做？做完会怎么样？幼儿的好奇心会驱使大脑调动感官，主动去观察、触摸，迫不及待地进行探究和发现。教师根据幼儿年龄特点、认识能力和水平，在投放具有新颖性、趣味性的区域游戏材料的过程中，吸引幼儿选择材料并进行探究性学习，长此以往就会对幼儿形成良好的学习品质起到一定的促进作用。

教师在进行区域游戏材料投放时，考虑到幼儿不同的兴趣与发展水平，常常会为材料设置一定的层次性，使每个幼儿能够根据自己的能力选择难易程度相当的材料来操作，经过努力完成任务，获得知识和技能，收获成功和喜悦，避免无法操作或无法完成带来的挫折感、失落感，以及对学习产生抵触情绪的心理障碍。科学适宜的区域游戏材料所具有的探究性能激发幼儿的探究欲望，引发幼儿的好奇心和求知欲，从而吸引他们带着疑问集中注意探寻结果，增强他们不断深入探索学习的信心和勇气。幼儿基于材料进行探究和实验，通过操作、观察、记录，比较，最后终于得出结论。这样的探究过程不仅培养了幼儿的注意力，同时也培养了他们遇到问题坚持不懈、不半途而废的意志力。例如在科学区游戏材料"蚕宝宝成长记"（图2-2）中，为了帮助幼儿了解蚕宝宝生长变化的关键期及其顺序，教师用橡皮泥捏出蚕在不同阶段的典型形态和行为，在每个阶段的橡皮泥作品中，绿色叶子都是可以活动的。在与这份材料的互动过程中，幼儿可以自由摆弄和动手操作，通过动手、动脑、动口等形式，不断发现问题，并通过自己的观察、思考、操作将蚕宝宝的成长过程通过材料呈现出来，从而实现关键经验和学习品质的发展。[①]

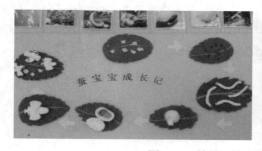

图2-2　科学区游戏材料"蚕宝宝成长记"

---

① 案例及图片来源：北京明天幼稚集团。

三、幼儿园区域游戏材料有哪些特点

皮亚杰认为，儿童的智慧源于材料。《指南》指出，幼儿是通过"直接感知、实际操作和亲身体验"进行学习和获取经验的。游戏为幼儿提供了直接感知、实际操作和亲身体验的机会，在游戏中，游戏材料是幼儿开展游戏最重要的物质保障和发展载体，是决定活动能否有效促进幼儿快乐且有价值学习的重要因素。区域游戏活动的本质是幼儿通过操作材料获得个性化发展，在区域游戏活动中，游戏材料就是幼儿的"教科书"，是他们的良师益友和亲密伙伴。在与材料的互动中，幼儿全身心地投入其中，积极主动地用眼观察、用手触摸、用耳倾听、用脑思考，他们不仅能够体验到快乐，而且还能积极主动地、富有个性地建构自己的学习经验，获得多方面的发展。

具体来说，区域游戏材料要支持幼儿爱玩、会玩、可玩、多玩，因此，教师在区域游戏中投放的"有准备的材料"应具有操作性、引导性、层次性和丰富性（图 2-3）。

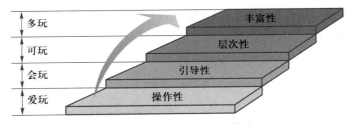

图 2-3　区域游戏材料的特点

（一）区域游戏材料的操作性

区域游戏材料的操作性即幼儿可以自由移动、处理、探究和使用材料。操作材料是激发幼儿游戏兴趣的源泉。所以，操作性是区域游戏材料的第一个特点。

1. 区域游戏材料中操作性的体现

首先，具有操作性的材料通常是半成品，它的目的是引导幼儿自主专注地游戏。一份原始材料、一件成品玩具或成品材料不具有真正意义上的操作性，幼儿与玩具或材料的互动仅限于摆弄（图 2-4）。半成品材料具有开放性的特点，在与幼儿互动时可以提供更多可能性，如移动、组合、加工和变形，这样幼儿就会在真正的操作中积极思考、充分想象、主动探究。

原始材料	半成品材料	成品材料
● 没有经过加工 ● 有多重操作方式 ● 没有一定的操作界限 ● 缺乏指导性	● 经过教师加工 ● 将活动目标与意图隐含在材料中 ● 具有一定的开放性，留有想象和创造的空间 ● 蕴含一定线索，可以引导幼儿完成	● 经过加工已经完成的材料 ● 幼儿可以直接使用

图 2-4　不同结构化的游戏材料

其次，具有操作性的材料可以促进幼儿动手操作、动脑思考。具有操作性的材料能够引发幼儿使用多种感官和动作去探索，鼓励幼儿动手、动脑，支持幼儿与周围环境积极互动，甚至可以引导幼儿对感兴趣的事物进行仔细观察，发现其明显特征，进一步感知和探索周围环境和事物。在此过程中，幼儿是积极主动的、动脑思考的、用心专注的。如果一份材料不能让幼儿拥有经过动脑思考的动手操作，那它就不是真正意义上具有操作性的材料。

最后，具有操作性的材料符合幼儿学习方式和特点，能支持幼儿进行多通道、多感官的学习。幼儿通过多通道、多感官进行学习，获得的经验是丰富多样的。幼儿在操作材料的过程中有看、听、摸、闻等多感官的接触，能够刺激幼儿对材料的操作方法进行思考，对操作的结果进行探究。

2. 使区域游戏材料具有操作性的实用策略

如何才能制作出具有操作性的材料？这就需要教师在设计与制作材料时关注以下三个方面：

第一，加强幼儿对材料的多元操作方式，把对材料的简单摆弄变成幼儿可以一一对应、涂色、镶嵌、拼图、粘贴等多种操作方式（图 2-5）。

图 2-5　具有操作性的区域游戏材料（一）

第二，加强材料的立体性，将二维平面材料换成三维立体材料（图 2-6）。

图 2-6　具有操作性的区域游戏材料（二）

第三，增加幼儿多感官操作的可能性，把局限于幼儿观看的材料转化成可以通过看、听、说、触摸等多种方式与幼儿互动的材料（图 2-7）。

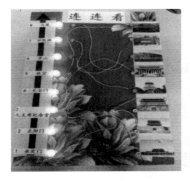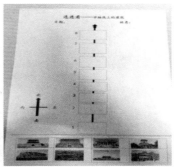

图 2-7　具有操作性的区域游戏材料（三）

（二）区域游戏材料的引导性

区域游戏材料的引导性是指教师提供的材料能够引导幼儿从"半成品"做成"成品"，从而达成相应的教育目标。具有引导性的区域游戏材料使幼儿的操作从"随意化游戏"走向"有意义的学习"。也就是说，引导性明确了材料的操作范围和创造程度，使幼儿与材料实现真正有意义的互动。另外，材料的引导性能够引发幼儿主动探究和思考，而非被动的、重复的机械练习。教师在设计材料的过程中，应根据教育目标和幼儿个体差异，在材料中隐含或预示幼儿操作与探究的方向，促使幼儿在主动探究中取得更有价值的体验和发展。

总之，关于区域游戏材料的引导性，我们通常有两个基本认识：第一，引导性可以使幼儿操作从"随意化游戏"走向"有意义的学习"；第二，引导性可以有目的地促进幼儿主动发展，能够引发幼儿主动探究和思考，而非被动的、重复的机械练习。

1. 区域游戏材料中引导性的体现

（1）目标的引导。材料是教育目标的载体，而教育目标是通过每份材料的目标来逐一实现的。材料的教育目标对材料设计具有指引性，是设计的第一步，教师在设计时必须先明确材料的教育目标，这样才有可能构思材料的操作步骤。

（2）结构的引导。第一，引导性可以体现在材料组成部分的合理摆放，即分类有序、一目了然（图2-8a）。第二，引导性可以体现在材料操作的"提示图"。提示图是指将材料操作的大致步骤和关键要点，通过形象的、直观的、易被幼儿理解的方式进行呈现（一般将材料与提示图同时提供给幼儿）。提示图的呈现形式有提示卡片、小册子等。幼儿在运用提示图的过程中，应该先读图、后操作，按提示完成操作；在动手操作过程中，如果遇到问题会再次翻看提示图解答。需要注意的是，提示图的图片数目或小册子的页数不宜过多，只要呈现关键步骤即可，要符合幼儿的阅读水平（图2-8b）。第三，引导性可以体现在对"实物"的参考，即为材料配套提供的图书、实物等（图2-8c）。

a

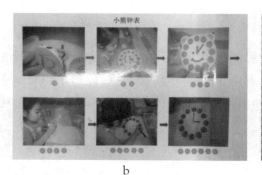

b

c

图2-8 材料引导性的外在体现

（3）操作路径的引导。操作路径的引导可以体现在操作材料本身暗藏的"引导点"，内化在材料中的"指路"线索。材料的引导性体现内置是最高级的表现方式，材料的操作过程和操作形成成品是一体化的。例如，要在材料中设置"引导点"（机关），设置"引导点"的关键是引导幼儿能够独立找到材料与活动预期结果间的关联，在这样过程中激发幼儿探究的兴趣和解决问题的能力。材料设置内置引导点具体有材料目标的引导（图2-9a）、材料结构的引导（图2-9b）、操作路径的引导

（图2-9c）、结果呈现的引导（图2-9d）。不同质地、不同结构、不同特性、不同形状的材料有不同的引导点设置方法。

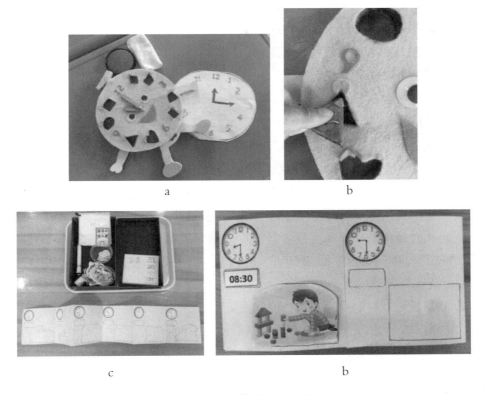

图2-9　材料引导性的内在体现

（4）结果呈现的引导。记录单的引导点要与操作材料具有一致性。

2. 使区域游戏材料具有引导性的实用策略

（1）强调引导点与教育目标相统一。

（2）引导点的设置要因人而异。基于对幼儿的观察，教师应综合考虑幼儿的年龄特点，了解幼儿的能力水平，思考哪些引导点能引发幼儿的观察、操作与探究。针对不同年龄、不同能力水平的幼儿设置不同的引导点。

（3）引导点的设置要因材料而异。不同质地、不同结构、不同特性、不同形状的材料有不同的设置方法。

（4）设置引导点的关键是找到材料与活动预期结果间的关联。

（三）区域游戏材料的层次性

区域游戏材料的层次性是指材料可以给幼儿提供选择的余地，体现幼儿纵向发展的递进性和进阶性。幼儿的发展存在差异性和不平衡性，为满足不同幼儿的发展需求，使不同能力水平的幼儿都能在操作材料的过程中有新的发展，教师在投放材料时需要遵循层次性和科学性的原则，坚持高结构材料与低结构材料相结合，简单操作材料和复杂操作材料相结合。不同年龄班的幼儿对于材料的解读不同，他们在操作同一材料时将会得到不同程度的发展。

1. 区域游戏材料中层次性的体现

（1）满足不同幼儿的发展需求。由于幼儿的发展水平不同，教师在材料的制作、投放上应满足不同水平幼儿的需要，使每个幼儿都有机会体验成功，都能在原有水平上得到提高。

（2）满足幼儿不同层次的探索。一份区域游戏材料的核心经验是多元的、有层次的。教师应注重幼儿在区域游戏中对核心经验的层次性探索。教师为幼儿准备的材料应随着幼儿的操作、探索过程的发展而不断变化，以适应幼儿发展的新要求、新挑战，帮助幼儿在不断摸索和尝试中积累经验、丰富认知结构。例如在美工区，为了让幼儿的精细动作得到发展，教师可以提供的材料分别是：圆柱形的黏土面条，用纸团捏制的小糖果，以及豌豆、黄豆等，幼儿可以根据自己的能力选择不同的材料，逐渐提升难度。

2. 使区域游戏材料具有层次性的实用策略

（1）基于教师的日常观察。在幼儿区域游戏活动时间，教师应作为观察者观察幼儿的操作情况，发现幼儿材料游戏问题与困惑，从而及时调整材料的难度。

中班益智区
游戏材料：
磁铁

（2）基于教师对核心经验的理解与掌握。例如，小班幼儿应先掌握磁铁能吸铁还是先掌握磁铁之间的相互作用，这就需要教师明白自己所投放的材料本身的核心经验，才能够使区域游戏材料具有更好的层次性。

（四）区域游戏材料的丰富性

丰富性是指材料数量与种类丰富多样，满足不同幼儿的多种游戏需求，体现幼儿发展横向的结构性和区域性，真正促进幼儿的主动学习和全面发展。教师在各活动区投放数量与种类充足的材料，不仅能满足幼儿自由选择的需要，同时也促进了区域活动秩序的维护。

1. 游戏材料应丰富且适宜

丰富的游戏材料会影响幼儿的游戏行为。例如在"理发店"游戏中，如果教师仅提供吹风机、推子、剪子等理发工具，那么幼儿的游戏就只能停留在理发、吹头发等游戏情节上。如果教师还能提供洗发池、洗发用品等材料，就有可能引发幼儿的洗发、揉搓、按摩等游戏情节；如果教师再能提供卷发棒、蝴蝶结、发夹等美发材料，就有可能引发幼儿产生有关梳妆打扮的游戏情节。可以说，游戏材料的丰富性在很大程度上决定了游戏行为的多样性。但是，教师所提供的材料也要适宜幼儿的发展需要和兴趣，不只是为了形式上的丰富，要尊重幼儿对于区域游戏活动的期待，尊重幼儿的主体性。

2. 游戏材料应功能丰富

在向幼儿提供丰富多样材料的同时，教师也应注重材料的功能多样性，使同一材料实现不同的教育目标。例如，在娃娃家中投放不同颜色、不同形状、不同大小的豆子，这些豆子不仅可以起到装饰食物的作用，同时也可以让幼儿根据豆子的形状、大小、颜色进行排序和分类。因此，提供丰富而功能多样的材料，不仅可以让幼儿感受活动的乐趣，同时也可以使幼儿在与众多材料的相互作用过程中，充分运用自身的各种感官，理解事物的多样化，使幼儿在活动中不断有所发现，有所进步和发展。

我来写一写

1. 雪花插片是幼儿园常见的区域游戏材料，请你说一说这份区域游戏材料的特点。

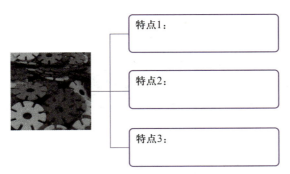

2. 区域游戏材料的特点有哪些？请在从下列椭圆形中选取相应内容填充至树状图内。

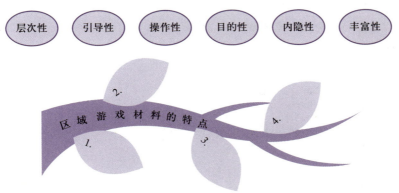

我来练一练

新的学期到来了，大一班角色区设置了一个全新的主题——火锅店，李老师为角色区投放了火锅、蔬菜、餐具、人物角色牌等游戏材料。你认为李老师投放的游戏材料是否具有层次性？如果是你，你还可以提供哪些更具操作性、引导性、层次性、丰富性的游戏材料呢？

第二节　学会设计幼儿园区域游戏材料

我来写一写

幼儿园教师在观摩区域游戏活动时应重点观摩哪些方面的内容？请在你认为重要的内容后面画√。

> 活动区域_____　　游戏形式(个人资源/集体合作)_____　　活动实施环节_____
>
> 幼儿行为表现_____　　教师提供的材料(低/高结构)_____　　幼儿操作材料_____
>
> 教师支持策略_____　　游戏活动目标_____　　材料的特点_____

一、骨干教师自制区域游戏材料案例分享及经验梳理

对自制区域游戏材料进行分享与讨论，有助于我们更好地理解材料的特性，以及幼儿操作材料的过程。下面我们一起来讨论一份骨干教师自制的大班区域游戏材料"变脸"。

（一）案例分享

材料名称：变脸[1]
适宜年龄：5—6 岁
操作活动目标： 1. 激发幼儿对变脸材料的探究兴趣，体验独立操作的快乐。 2. 引导幼儿通过认真观察、比对，完成变脸材料的制作。 3. 愿意与别人分享自己的作品。 **材料构成**： 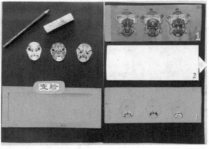

---

[1] 案例作者：北京大学附属幼儿园，苏伟、李慧萍、刘扬。

续表

1. 一张横版透明卡，左下角贴有"粘"的红条，中间贴有川剧的帽子和黑色的五官轮廓线，右下角标有数字 1。
2. 一张横版白卡纸，右下角标有数字 2，右侧贴着向右箭头，箭头上贴有小手标志。
3. 一张横版红卡纸，右下角标有数字 3，中间画有三个脸谱的外轮廓，轮廓上贴着不同形状的黑白色的五官局部。
4. 一个写有"变脸"的红色外壳，下面写有班级、姓名。
5. 红、黄、蓝色的脸谱各一个。
6. 铅笔一支，胶棒一个。

材料特点体现：

1. 活动卡上的数字 1、2、3。
2. 横版透明卡和横版红卡左侧的"粘"字，可以引导幼儿观察两张卡片对应关系。
3. 白卡纸右侧箭头上的小手标志，可以引导幼儿向右侧抽拉。
4. 红卡纸脸谱外轮廓上的黑白局部五官图，可以引导幼儿正确粘贴彩色脸谱。

兴趣点：

1. 散放的半成品材料能使幼儿观察到彩色脸谱与 3 张横版卡之间的关系。
2. 抽拉白卡纸使脸谱变色的现象，可以引起幼儿的操作兴趣。

操作实录：

1. 幼儿来到活动区，径直走向"变脸"材料，彩色脸谱引发了幼儿的好奇心，激发了幼儿探究兴趣。

续表

2. 取出所有材料散放。

3. 幼儿将彩色脸谱分别在横版红卡纸上的脸谱轮廓上比对，并正确地贴在红卡纸上的相应的位置。

4. 幼儿认真观察，对比发现彩色脸谱和横版红卡纸上的脸谱外轮廓的对应关系，并粘贴脸谱，开始并没有将红色的脸谱贴对位置，之后经过仔细观察，再次调整，最后完成正确的脸谱粘贴。

5. 幼儿将横版透明卡（数字 1）和横版红卡纸（数字 3）粘在一起。

幼儿将横版白卡纸（数字 2）夹在透明卡和红卡纸中间，并将重叠好的三页按顺序插入红色外壳中。

6. 幼儿向箭头方向抽拉白卡纸，发现脸谱变成彩色的现象。

续表

7. 幼儿通过自己的努力完成作品，发现材料的乐趣，高兴地抽拉了很多次白卡，完成作品后开心地向同伴展示。

注意事项：

1. 幼儿在粘贴彩色脸谱时，需要将其与红卡纸上的局部五官相对应，与脸谱的外轮廓相吻合，边缘粘贴牢固，避免抽拉白卡纸时卡住不顺畅。
2. 将横版透明卡和横版红卡纸粘贴在一起也要相吻合，否则脸谱和头饰的位置就会对不准。

变化与延伸：

1. 教师在设计脸谱与头饰对应时，可以去掉脸谱五官轮廓线，增加一定的难度。
2. 教师可以在头饰上多挖掘川剧文化的内涵。

　　根据自己的实践积累，在阅读上述案例后，请你尝试回答任务单中的问题。

任务单 S2.1.1

1. 这份材料的目标明确吗？请详细说明。

2. 案例中教师提供的材料有什么样的特点？请举例说明。

3. 你认为案例中教师提供的材料的闪光点是什么？请详细说明。

4. 如果请你改进这份材料，你还会有哪些改进建议？请详细说明。

（二）经验梳理

专业化的指导是以观察为基础的，教师在设计区域游戏材料时首先应基于对幼儿的观察。教师要以观察与记录为基础设计并投放相应的游戏材料，通过观察为幼儿游戏指导提供依据。著名教育家蒙台梭利曾指出，在游戏中，教师应为幼儿提供拥有实用、美观、有吸引力的设备和工具的"有准备的游戏环境"。高瞻学前课程模式认为，在主动学习环境中，成人所做的是提供多种多样的材料供幼儿操作、提供空间和时间供幼儿操作材料、发现幼儿的意图、倾听并鼓励幼儿思考、倾听幼儿为自己做事情、认可并鼓励幼儿的想法、反思、问题解决以及创造力；当成人寻求并支持幼儿的兴趣时，幼儿可以自由地去做他们已经很有动力去追求的活动，幼儿更愿意去尝试一些建立在已有知识经验基础之上的新事物。[①]

1. 定好目标

根据《指南》的要求，教师在选择区域游戏活动内容时，应站在幼儿学习与发展的角度思考，明确区域游戏活动的性质与目标。第一，教师应明确该活动区近期的重点教育目标；第二，教师应明确活动区中幼儿的发展目标；第三，教师应明确区域游戏材料投放的核心目标。区域游戏材料应支持幼儿在活动区内的学习与发展，设定目标在前，选择材料在后，使得材料能够为教育目标而服务。

2. 选准材料

如何选准材料支持目标的达成呢？首先，教师应在目标的指引下思考材料内容；材料内容可以与班级的主题内容相呼应，可以根据主题的开展逐一添加；材料内容的选择应符合幼儿的年龄特点，小班可以童趣、可爱、色彩鲜艳一些，中班和大班则应该考虑材料的可玩性和多玩性；同时，还要关注幼儿的操作兴趣，及时调整。

3. 注意材料特点

教师在设计并投放游戏材料时应注意材料的操作性、引导性、层次性和丰富性，可以围绕区域游戏材料的特点去审视材料。从操作性的角度出发，教师可以思考材料的安全性，是否能够安全的供幼儿操作；从引导性的角度出发，教师应该考虑材料的目标如何蕴含在材料中，如何支持幼儿发现游戏材料的关窍解决问题等；从层次性的角度出发，教师应该思考材料是否能够支持幼儿的个别化探究，以及如何支持不同水平幼儿的发展。

① 爱泼斯坦,霍曼.高瞻学前课程模式[M].霍力岩,陈雅川,李金,等译.北京:教育科学出版社,2022:80.

二、了解并设计语言区游戏材料

"西游记小书"是一份教师自制的语言区游戏材料，下面我们一起来了解这份材料，并基于这份材料讨论语言区游戏材料应如何设计、投放。

（一）案例解析

材料名称： 西游记小书[①]
适宜年龄： 5—6 岁
操作活动目标： 1. 培养幼儿积极操作、完成游戏时专注的学习品质。 2. 通过念唱歌谣了解故事中人物形象、性格特征及主要故事情节，丰富相关经验。 3. 在游戏操作中，体验念一念、唱一唱的乐趣。
材料构成： 1. 西游记立体图版（可抽插）。   2. 西游记立体人物皮影卡片（部分）。   3. 长 10 cm、宽 1 cm 的硬纸片。 

① 案例作者：北京航空航天大学幼儿园，边晶。

续表

4. 人物名称卡。

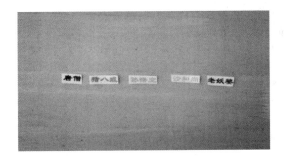

5. 胶棒。

6. 小音箱。

7. 做好的西游记人物形象皮影 1 个。

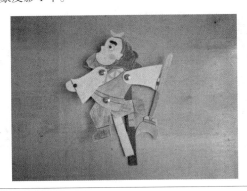

续表

材料特性体现：

1. 图形间的对应关系起到了引导作用，帮助幼儿解决问题，将半成品完整的做成成品。从材料的投放到幼儿的操作，幼儿始终充满了兴趣，在建立人物部分与整体之间的关系时，幼儿反复、认真地观察、比较，表现出良好的专注性，在最终正确完成时感到特别开心。

2. 韵律感十足、简明的歌谣和人物图片对幼儿了解故事中人物形象、性格特征及主要故事情节，丰富相关经验起到了重要的引导作用。经过不断地观察、比较、反复试听，幼儿终于完成了西游记材料的操作，了解了歌谣的内容并与同伴分享。

3. 西游记立体图版中括号颜色与人物名称颜色的一一对应，为幼儿熟悉歌谣奠定基础，为幼儿正确制作完整的西游记立体小书起到引导作用。

经验准备：

1. 对西游记人物形象有简单了解，知道西游记中主角的人物特征。

2. 具有发现人物整体与部分关系的前期经验。

3. 幼儿有使用分角针的前期经验。

兴趣点：

1. 喜欢听《西游记》的故事，对故事中的人物形象感兴趣。

2. 人物特征明显、能动、可操作的木偶，可引起幼儿兴趣。

操作步骤：

1. 放在区域中的西游记主题材料引起了幼儿的兴趣。

2. 摆弄西游记立体图版，发现西游记人物皮影卡片与小音箱，引发幼儿的兴趣。

续表

3. 西游记立体图卡中人物部分特征与人物皮影卡片一一对应，进一步激发幼儿的兴趣。

4. 人物名称卡的颜色与西游记立体图版中括号颜色一一对应，再次激发幼儿的操作兴趣。

5. 打开小音箱，听歌谣。

6. 取出西游人物皮影卡片与歌谣中人物进行对应。

7. 将西游人物皮影卡片一一进行拼摆、观察。

8. 打开西游人物，仔细观察、拼摆、发现人物整体与部分之间的连接关系。

9. 拼一拼、摆一摆、看一看，找到整体与部分之间的关系，将每个部分皮影卡片的打孔处进行上下重叠对应，继续观察人物整体结构是否完整合理，并进行调整。

10. 取出分角针插入打孔连接处进行连接，调节分角针松紧度，保证人物皮影卡片活动自如。

11. 依次将剩下的人物皮影卡片进行如上操作，再次听歌谣，按歌谣中人物出现的顺序将做好的人物皮影卡片进行排序，仔细观察、发现其人物特征。

12. 打开西游记立体图版，观察图版中出现的人物部分特征，并与人物皮影进行联系，发现人物整体与部分之间的关系并进行一一对应。

13. 将人物名称卡取出，观察其颜色与西游记立体图版中括号颜色，将它们逐一贴入括号内。

14. 幼儿操作皮影、念唱歌谣后，将皮影与西游记立体图版中的人物名称进行一一对应，并将其插入其中。

续表

15. 阅读自制西游记小书，并与同伴分享歌谣。

16. 整理材料，物归原处。

注意事项：

提示幼儿正确使用小音箱，音量大小适中；注意使用分角针的安全。

变化与延伸：

鼓励幼儿将这份材料与表演区相结合，实现区域联动，尝试开展皮影戏表演。

根据自己的实践积累，在阅读完上述案例后，你得到了哪些启示？

任务单 S2.2.1
1.
2.
3.

从上述案例中可见，语言区的材料应围绕幼儿语言领域的核心经验进行设计和投放，材料是支持幼儿敢说、想说、喜欢说的有效抓手。因此，教师自制的区域游戏材料无论是高结构化材料还是低结构化材料，都应该能够支持幼儿的操作，并在操作过程中向幼儿提供大胆表达与讲述的机会。

（二）投放材料

幼儿园语言区游戏材料的设计与投放，一方面要准确把握幼儿的年龄特点，关注大、中、小班幼儿之间的年龄差异；另一方面要尊重幼儿的学习方式与学习特点，帮助幼儿在直接感知、实际操作、亲身体验中与不同材料发生互动，促进语言的发展。

在设计小班语言区游戏材料时，教师可以围绕小班幼儿思维特点及生活经验，以幼儿生活中喜闻乐见的事物来设计活动、制作材料，让幼儿通过提升生活中的经验来获得新知识，以此提高语言表达能力。例如，在小班语言区中，教师投放了和生活常见物品、认识自我、社会角色、图书、趣味游戏相关的卡片，这种贴近幼儿生活的游戏材料，激发了幼儿的操作兴趣，同时有利于增进他们学习语言的动力。

中班幼儿的听说能力、语言表达能力、理解能力等都有了一定的提高，因此教师在设计中班语言区游戏材料时更应考虑其可操作性及趣味性。例如材料"故事拼图"，教师提供了毛绒（塑料）、手偶、故事拼图、社会生活场景、幼儿游戏照片等材料，通过让幼儿动脑、动手、动口，提升材料的趣味性，锻炼幼儿的创造性思维、语言表达能力及创编能力。

语言区材料
投放图例

大班作为幼小衔接的关键时期，教师在设计材料时，可以从"听、说、读、写、看"五个方面入手。首先，教师可以根据近期主题内容投放"听"的材料，让幼儿边看边听故事内容；其次，教师可以自制讲述材料"小小电视机"，让幼儿根据故事情节进行讲述；最后，教师可以针对大班幼儿对文字的兴趣，设置自制图画书的工具、材料和范例（如封面、封底、带有数字页码的空白内页），鼓励幼儿自制图画书，形成的图画书成果物又可以投放至图书区，使幼儿的前阅读、前书写与前识字能力获得提升。

通过学习语言区游戏材料案例并进行经验梳理，请你尝试完成下方的任务单。

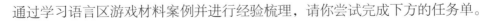

任务单 S2.2.2
我在语言区可以投放的材料 1： 设计思路：

续表

我在语言区可以投放的材料 2： 设计思路：

（三）讲故事

实践内容：请你回顾自己在班级语言区的材料投放，你是如何投放的？哪份材料支持了幼儿达成有意义的学习？在投放游戏材料时你有哪些思考？请你向同组教师讲述一个典型的、优秀的语言区游戏材料投放的故事。

实践步骤：

1. 你可以和同事讲，也可以和一起参与培训的小组成员讲。

2. 案例应描述语言区游戏材料的背景、设计目标，讲述投放材料时的思考，幼儿在游戏中都有哪些表现。

任务单 S2.2.3

语言区游戏材料分享

案例背景（年龄班、时间、地点、幼儿已有经验等）：

材料目标（通过区域游戏活动想要达成的目的）：

创设过程（设计材料的过程与思考，分享幼儿游戏表现）：

结果（分享教师使用了哪些设计的策略、效果如何）：

讲述人：
讲述时间：

3. 在相互讲述的过程中，请你总结出同伴有哪些好的语言区游戏材料投放思路，你可以怎样借鉴。

任务单 S2.2.4
1.
2.
3.

4. 举例说明你对语言区游戏材料投放理解和支持不足的地方，然后说一说你想重点改进的三个方面。

任务单 S2.2.5
简要描述不足：
我的思考与改进： 1. 2. 3.

（四）语言区游戏材料观摩

1. 观摩目的

（1）重点观察教师是如何进行语言区材料设计的。

（2）观察教师如何进行材料投放的。

（3）观察幼儿在区域中操作游戏材料的情况。

2. 观摩前的准备工作

（1）经验准备

教师掌握区域材料设计的策略和要点。

教师掌握区域观摩的目标，在区域观摩中的注意事项等内容。

（2）物质准备

观摩工具；手机、相机等拍摄工具。

3. 观摩过程中需要使用的工具

任务单 S2.2.6

<table>
<tr><td colspan="4" style="text-align:center">语言区游戏材料投放与幼儿游戏表现观摩表</td></tr>
<tr><td colspan="2">观察时间：</td><td>观察地点：</td><td>观察者：</td></tr>
<tr><td colspan="2">观察对象：</td><td>班级：</td><td>教师（职称）：</td></tr>
<tr><td rowspan="4">材料投放</td><td colspan="3">具有操作性吗？</td></tr>
<tr><td colspan="3">具有引导性吗？</td></tr>
<tr><td colspan="3">具有层次性吗？</td></tr>
<tr><td colspan="3">具有丰富性吗？</td></tr>
<tr><td rowspan="3">幼儿游戏表现描述</td><td colspan="3">幼儿使用了哪些材料？</td></tr>
<tr><td colspan="3">幼儿对材料感兴趣吗？</td></tr>
<tr><td colspan="3">幼儿是怎样游戏和探索的？</td></tr>
<tr><td rowspan="2">材料设计与投放的反思</td><td colspan="2">我认为值得学习的地方：</td><td>我认为可以改进的地方：</td></tr>
<tr><td colspan="2">1.

2.

3.</td><td>1.

2.

3.</td></tr>
</table>

三、了解并设计科学区游戏材料

"分类牌"是一份教师自制的科学区游戏材料，下面我们一起来了解这份材料，并基于这份材料讨论科学区游戏材料应如何设计、投放。

（一）案例解析

材料名称：分类牌 [①]

适宜年龄： 4—5 岁

操作活动目标：
1. 激发幼儿对分类牌材料的探究兴趣，体验独立操作的快乐。
2. 引导幼儿在游戏中尝试将常见的事物进行分类。
3. 乐意与别人分享自己的作品。

---

① 案例作者：北京市海淀区北部新区实验幼儿园，宋晓双。

续表

材料构成：

1. 分类游戏板。
2. 生活物品分类牌。
3. 游戏记录单、半成品图片。
4. 胶棒。

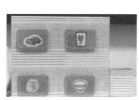

材料特性体现：

1. 分类操作板上分成四个部分，表示将物品分成四类。
2. 分类牌的底色与分类图标的底色是相同的。

经验准备：

1. 幼儿在日常生活中有一定的分类经验。
2. 幼儿基本了解图片中的物品，能够叫出名字。

兴趣点：

1. 散放的半成品材料能使幼儿观察到分类牌与图标之间的关系。
2. 分类牌上的物品均为幼儿生活中常见物品，可以引起幼儿的兴趣。

操作步骤：

1. 幼儿来到科学区，径直走向分类牌材料，牌上物品吸引了幼儿的好奇心，激发了幼儿探究兴趣，从而使幼儿选择这份材料进行操作。

2. 幼儿取出所有材料散放在桌面上。

3. 依次观察分类牌上物品，并找出自己喜欢的生活物品分类牌，尝试进行分类活动。

4. 幼儿认真观察，对比发现分类牌和图标卡上的颜色对应关系，并进行分类摆放。幼儿一开始并没有将分类牌直接放在盒中，之后经过认真思考，再次调整，最后完成正确的分类游戏。

 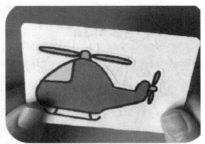

5. 幼儿边指认着分类牌上的物品，边进行分类游戏，过程中有其他幼儿也对游戏材料感兴趣，他就和同伴边说边玩，完成了分类游戏。

6. 幼儿依次拿起不同分类牌，按照不同功能分别进行摆放。

续表

7. 幼儿通过自己的努力完成作品，获得自信。最后完成分类牌游戏记录单，带回家与爸爸妈妈分享。

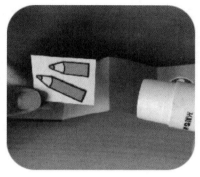

8. 幼儿将分类牌游戏操作完成后，高兴地展示作品，并能主动将分类牌上的物品边讲述边归类，之后还跑去向同伴展示自己的作品。

注意事项：
1. 适时提示幼儿注意对玩教具的爱护和还原。
2. 游戏记录单完成后，教师辅助检查是否和操作过程是一致的。

变化与延伸：
1. 教师可以提供分类小书，幼儿在操作材料遇到困难时可以翻看小书寻找答案。
2. 教师可以增加骰子，支持 2 个及以上幼儿同时游戏，体验同伴共同游戏的乐趣。

根据自己的实践积累，在阅读完上述案例后，你得到了哪些启示？

任务单 S2.3.1
1.
2.
3.

科学区强调培养幼儿的科学探究兴趣、探究经验和探究能力，因此，科学区游戏材料的投放重在探究。教师应围绕幼儿的兴趣需要和发展水平提供适宜的探究材料。同时，科学区游戏材料更应该体现层次性，能够支持幼儿层层深入地开展自主探究，教师可以从材料的层次性入手，设计并自制探究材料，以支持幼儿的个性化探究。

（二）投放材料

　　幼儿园的科学区要为幼儿创设自然宽松的科学探究氛围，提供适宜的材料和探究工具，尊重幼儿的好奇心，引导幼儿勇于尝试和挑战，培养幼儿的科学情感、科学态度，促进幼儿的认知发展，帮助幼儿建立初步的科学探究能力。因此，科学区应是一个具有挑战性、创意性又富有趣味的活动区。科学区游戏材料要能够引导幼儿逐步开展探究，了解物体和材料的物理特性、相互关系和有趣的科学现象。教师在投放材料时要考虑到以下内容：科学区材料包括生命科学和物理科学两大类材料，其中生命科学材料主要涉及动物、植物及人体相关的知识，物理科学材料主要涉及声、光、电、力、磁、水、空气、机械原理等内容。

科学区材料
投放图例

　　通过学习科学区游戏材料案例并进行经验梳理，请你尝试完成下方的任务单。

任务单 S2.3.2

请你完成科学区的材料投放，并写一写你都投放了哪些材料：

（三）讲故事

　　实践内容： 请你回顾自己在班级科学区的材料投放，你是如何投放的？哪份材料支持了幼儿达成有意义的学习？在投放游戏材料时有哪些思考？请你向同组教师讲述一个典型的、优秀的科学区游戏材料投放的故事。

　　实践步骤：

　　1. 你可以和同事讲，也可以和一起参与培训的小组成员讲。

　　2. 案例应描述科学区游戏材料的背景、设计目标，讲述投放材料时的思考，幼儿在游戏中都有哪些表现。

任务单 S2.3.3

科学区游戏材料分享

案例背景（年龄班、时间、地点、幼儿已有经验等）：

续表

材料目标（通过区域游戏活动想要达成的目的）：

创设过程（设计材料的过程与思考，分享幼儿游戏表现）：

结果（分享教师使用了哪些设计的策略、效果如何）：

讲述人：

讲述时间：

3. 在相互讲述的过程中，请你总结出同伴有哪些好的科学区游戏材料投放思路，你可以怎样借鉴。

任务单 S2.3.4

1.

2.

3.

4. 举例说明你对科学区游戏材料投放理解和支持不足的地方，然后说一说你想重点改进的三个方面。

任务单 S2.3.5

简要描述不足：

我的思考与改进：

1.

2.

3.

（四）区域游戏观摩

1. 观摩目的

（1）重点观察教师是如何进行科学区材料设计的。

（2）观察教师是如何进行材料投放的。

（3）观察幼儿在区域中操作游戏材料的情况。

2. 观摩前的准备工作

（1）经验准备

教师掌握区域材料设计的策略和要点。

教师掌握区域观摩的目标，在区域观摩中的注意事项等内容。

（2）物质准备

课堂观摩工具；手机、相机等拍摄工具。

3. 观摩过程中需要使用的工具

任务单 S2.3.6

科学区游戏材料投放与幼儿游戏表现观摩表				
观察时间：		观察地点：		观察者：
观察对象：		班级：		教师（职称）：
材料投放	具有操作性吗？			
	具有引导性吗？			
	具有层次性吗？			
	具有丰富性吗？			
幼儿游戏表现描述	幼儿使用了哪些材料？			
	幼儿对材料感兴趣吗？			
	幼儿是怎样游戏和探索的？			
材料设计与投放的反思	我认为值得学习的地方： 1. 2. 3.		我认为可以改进的地方： 1. 2. 3.	

四、了解并设计建构区游戏材料

"我要上小学"是一份教师自制的科学区游戏材料，下面我们一起来了解这份材料，并基于这份材料讨论建构区游戏材料应如何设计、投放。

（一）案例解析

材料名称：我要上小学[①]
适宜年龄：5—6 岁
操作活动目标： 1. 结合主题活动"我要上小学"，绘制青花瓷花纹的纸杯、制作不织布的大树等，大胆设计、组合搭建小学的外墙和装饰，发展空间感，萌发对小学的向往。 2. 愿意与同伴共同计划、设计、合作搭建小学，探究纸杯的搭建方法。 3. 对纸杯搭建感兴趣，养成主动学习、专注游戏、善于利用生活资源的学习品质。
材料构成： 1. 画有青花瓷花纹的纸杯和用不织布制成的大树。  2. 纸杯可以随意叠高、平铺、围拢等，供幼儿搭建立体造型；大树可以根据游戏情节随意摆放；材料可以反复使用。
材料特性体现： 1. 操作性：纸杯可以随意叠高、平铺、围拢等搭建出立体造型，大树可根据游戏情节随意摆放。 2. 引导性：空间方位的摆放，纸杯具有叠高、围拢、平铺等多种组合方法。 3. 层次性：从平面搭建到立体搭建，探究纸杯的搭建方法；从立体搭建到组合搭建，探究多种材料的组合，丰富建构物细节和内容。 

[①] 案例作者：北京市朝阳区枣营幼儿园，包梦夏。

经验准备：

1. 了解材料的特点，能运用各种建构方法进行组合搭建。

2. 能根据已有经验进行想象并搭建，并能把平面图变成立体建构物。

操作步骤：

1. 幼儿来到建筑区计划搭建小学，小伙伴们通过协商后，画出了搭建图纸，并进行了分工。

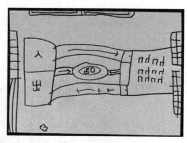

2. 这是搭建好的小学校门，校门两边分别用两个纸杯架起了三角积木当作装饰。幼儿突发奇想地给这个小学起了一个名字——青花小学。（幼儿从纸杯上的图案联想到给搭建作品命名，材料给了幼儿创作灵感。）

3. 幼儿用纸杯一层一层地叠高，形成小学的围墙。（从平铺搭建变成了立体搭建。）幼儿在围拢的积木里摆放了植物、小人玩具代表操场。

续表

4. 在搭建桌椅时，幼儿又选择了纸杯进行对称装饰。  5. 游戏结束后，幼儿自己用相机记录了搭建作品，然后在区域游戏分享时，拿着搭建图纸非常自信地向同伴介绍搭建作品，邀请大家来"小学"参观，充分表现出快乐和成功感。
注意事项： 1. 在整个游戏中，教师要给予幼儿充足的游戏时间和展示的机会与平台，这样不但可以激发幼儿探索的欲望，还可以提高幼儿的表达能力。 2. 在游戏过程中，当幼儿遇到困难时，教师不要急于帮助幼儿解决问题，要引导幼儿善于发现问题，并积极寻求解决问题的办法。 3. 教师的及时肯定与鼓励能给幼儿创新创造的灵感和动力。
变化与延伸： 1. 探究纸杯的其他搭建方法，呈现杯口朝向不同方向的搭建成果。 2. 可以将更多幼儿自制的作品加入到游戏中，如自制钟表、自制人物、自制桌椅等。

根据自己的实践积累，在阅读完上述案例后，你有哪些启示呢？

任务单 S2.4.1
1.
2.
3.

　　建构区游戏材料多为建构类材料和辅助类材料，建构类材料包括积木材料和积塑材料，教师可以结合幼儿的年龄特点和游戏兴趣进行投放。例如，小班适合投放色彩鲜艳的彩色积木，或者更加安全的泡沫积木等；中班和大班更适合投放单元积木，还可以根据幼儿的搭建主题提供不同形状的积木，用以支持幼儿的建构与表征。辅助类材料主要是围绕幼儿建构作品的辅助搭建材料，不同的辅助类材料可以

支持幼儿不同的想象，通常会出现一些教师自制的材料，如树木、交通指示牌、带有角色性质的材料等。在建构区的材料投放中，教师可以倾听并关注幼儿的兴趣，围绕不同的建构主题投放适宜的游戏材料。

（二）投放材料

幼儿在建构区中主要利用积木、积塑等不同材料建造一定的建筑物形象来反映生活经验。建构区作为活动区的重要组成部分，其游戏材料为幼儿感知数与量、几

建构区材料
投放图例

何形体，以及发展空间认知提供了重要作用，并能够有机融合造型艺术的审美与创造，以及工程、技术的运用与组合。就建构区的教育目标而言，小班幼儿主要是学会简单的堆叠、平铺、围封；能了解各种拼插玩具的名称；能初步认识各种形状的积木。中班幼儿则是学会基本的建构技能（如延伸、叠高、架空、围封、对称等），能有目的、有主题地进行建构，学习使用辅助材料，增强其造型的表现性。大班幼儿要求能正确使用不同的建构材料拼搭；能熟练运用中心点支撑的技能，在掌握基本建构方法的基础上依据不同的建构内容选择相应的材料，进行综合搭建；有创造意识，根据自己的经验进行想象并搭建。

通过学习建构区游戏材料案例并进行经验梳理，请你尝试完成下方的任务单。

任务单 S2.4.2

（三）讲故事

实践内容：请你回顾自己在班级建构区的材料投放，你是如何投放的？哪份材料支持了幼儿达成有意义的学习？在投放游戏材料时你有哪些思考？请你向同组教师讲述一个典型的、优秀的建构区游戏材料投放的故事。

实践步骤：

1. 你可以和同事讲，也可以和一起参与培训的小组成员讲。

2. 案例应描述建构区游戏材料的背景、设计目标，讲述投放材料时的思考，幼儿在游戏中都有哪些表现。

任务单 S2.4.3

建构区游戏材料分享

案例背景（年龄班、时间、地点、幼儿已有经验等）：

材料目标（通过区域游戏活动想要达成的目的）：

创设过程（设计材料的过程与思考，分享幼儿游戏表现）：

结果（分享教师使用了哪些设计的策略、效果如何）：

讲述人：
讲述时间：

---

3. 在相互讲述的过程中，请你总结出同伴有哪些好的建构区游戏材料投放思路，你可以怎样借鉴。

任务单 S2.4.4

1.

2.

3.

---

4. 举例说明你对建构区游戏材料创设理解和支持不足的地方，然后说一说你想重点改进的三个方面。

任务单 S2.4.5

简要描述不足：

我的思考与改进：
1.
2.
3.

（四）区域游戏观摩

1. 观摩目的
（1）重点观察教师是如何进行建构区材料设计的。
（2）观察教师是如何进行材料投放的。
（3）观察幼儿在区域中操作游戏材料的情况。

2. 观摩前的准备工作
（1）经验准备

教师掌握区域材料设计的策略和要点。

教师掌握区域观摩的目标，在区域观摩中的注意事项等内容。

（2）物质准备

课堂观摩工具；手机、相机等拍摄工具。

3. 观摩过程中需要使用的工具

任务单 S2.4.6

建构区游戏材料投放与幼儿游戏表现观摩表		
观察时间：	观察地点：	观察者：
观察对象：	班级：	教师（职称）：
材料投放	具有操作性吗？	
	具有引导性吗？	
	具有层次性吗？	
	具有丰富性吗？	
幼儿游戏表现描述	幼儿使用了哪些材料？	
	幼儿对材料感兴趣吗？	
	幼儿是怎样游戏和探索的？	

续表

	我认为值得学习的地方：	我认为可以改进的地方：
材料设计与投放的反思	1. 2. 3.	1. 2. 3.

五、了解并设计角色区游戏材料

"儿童医院"是一份教师自制的角色区游戏材料，下面我们一起来了解这份材料，并基于这份材料讨论角色区游戏材料应如何设计、投放。

（一）案例解析

材料名称：儿童医院①

适宜年龄：5—6 岁

操作活动目标：

1. 能在扮演医生、患者的过程中获得积极的情绪体验，乐意与同伴合作游戏，并能根据不同的情境与同伴进行分工与协商。

2. 能根据自己的角色需要，选择适宜的游戏材料，并能正确使用游戏材料和填写表格，丰富游戏情节。

3. 能遵守游戏规则，并根据不同的场景或需要，与同伴一起讨论和协商新的游戏规则，深化游戏主题。

4. 能在游戏过程中发现问题，并尝试自己解决问诊、收款等问题，发展表达能力，丰富对医院的认识。

材料构成：

1. 自制材料：收银台、取药架、等候区、叫号台、取钱处、钱包、输液器、药盒、角色牌、X 光片、问诊电脑、医疗垃圾桶。

2. 问诊台、收银台、取药台、中医疗诊室及 X 光档案室。

材料特性体现：

1. 引导性

（1）幼儿可以按照不同种类的操作台对医疗器械进行分类摆放，按照不同的游戏内容选择适宜的工具，游戏后物归其位，以方便下一次游戏时使用。

（2）为每个药品都贴上加签，通过药品与数字的对应，便于幼儿在取药和结账时进行计算。

（3）收银台、叫号台、治疗区域的游戏材料可以引导幼儿与同伴一起完成游戏任务，增强游戏的规则意识，增强收纳、安全和卫生意识。

（4）通过不同诊室及相应的游戏材料引导幼儿明确自己所扮演的角色的职业职责，促进同伴之间的区域游戏互动。

---

① 案例作者：北京市朝阳区枣营幼儿园，殷思思。

续表

2. 层次性

（1）"商品"按不同种类的货架进行分类摆放，引导幼儿按种类选择"商品"。

（2）游戏前幼儿为每个商品贴上1元、5元、10元等的价格标签，以及数字相对应的小圆点，计算能力较强的幼儿可直接按价格标签计算，计算能力较弱的幼儿可按商品上的小圆点进行点数。

经验准备：

1. 初步了解挂号、问诊、治疗、缴费的相关流程，知道医院各个诊室部门的主要工作及医疗器械的简单使用。

2. 有数字经验，能根据数字或点数，简单计算问诊人数、收费钱数、药品数量等。

操作步骤：

1. 区域游戏活动开始，幼儿选择自己喜欢的角色，并确定自己的工作职责。教师根据幼儿的准备情况提示他们思考不同的角色所负责的工作内容，帮助幼儿明确职责，提前熟悉并摆放好游戏材料，穿好工作制服，医生、护士、收银员就位，准备好就诊台、诊疗室、收银台的材料，开始小医院的营业。

2. 幼儿排好队，使用身份证挂号，并在等待区等候护士叫号后进入诊疗室，请医生进行问诊、检查、开药，治疗结束后需按照医生的诊断证明，再次进行X光检查、输液、接种疫苗、检测血压、抽指血、开药等，治疗结束后方可出院。一段时间后，幼儿可以根据自己的意愿互换角色，继续游戏。

续表

3.医生开具诊断证明后，患者在护士的指引下到收费处进行缴费，可以使用银行卡或手机进行缴费，如零钱不够可到医院门口的钱包存取处提取现金进行缴费。幼儿还可以根据游戏内容在取药处订制特殊药品。

续表

4. 为了让更多的幼儿参与到游戏中，激发他们的参与兴趣，让幼儿成为环境创设的参与者、体验者，教师会在游戏结束或过渡时间与幼儿共同谈论环境布置的方案，询问幼儿游戏的情况，听取"患者"们的建议，聊一聊幼儿去医院时的体验和感受，并鼓励幼儿在集体面前相互交流分享，然后再根据幼儿提出的好想法，不断地完善医院的设施和环境创设。医院主题的角色游戏还原了真实的医院场景，通过区域规则的制定，帮助幼儿自主、自发地参与游戏主题活动，从而支持幼儿尝试参与角色扮演，从而师幼共同丰富游戏材料的层次性和趣味性，推动幼儿丰富游戏情节和游戏中与同伴的互动。

 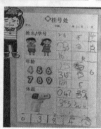  

注意事项：

1. 支持幼儿通过讨论丰富各个角色的职责和分工，并结合幼儿已有经验以及游戏中发现的问题，进行总结、提升。在"儿童医院"的开展过程中，幼儿的经验、需要与兴趣也会影响区域游戏活动的发展方向。

2. 教师应根据幼儿的需要投入多样化的游戏材料，支持幼儿开展"真游戏"。值得注意的是，材料应根据幼儿的需要，选择更加生活化、可操作性的材料（针管、输液瓶、棉签、X 光片等）这些操作性强的游戏材料，可以促使幼儿进行真实的模拟操作，并增加幼儿的兴趣。

3. 幼儿在购药、缴费的游戏过程中，可以发展前书写能力、计算能力、语言表达能力，教师只有在开展游戏前丰富幼儿有关货币和买卖交易方面的常识，才能更好地促进角色游戏的开展和推动医院主题游戏的进程。

续表

变化与延伸：

1. 可以与美工区的材料相互结合，制作药品、药盒外包装、药品快递包装盒，医院的健康海报的设计与宣传等，鼓励更多的幼儿参与到角色区互动游戏中；还可以与表演区相互结合，开设护士节慰问表演活动，吸引更多人参与。

2. 与幼儿共同商讨游戏中的问题和解决方法，并结合幼儿实际情况将其创设为墙面环境提示幼儿。

　　根据自己的实践积累，在阅读完上述案例后，你有哪些启示呢？

任务单 S2.5.1

1.

2.

3.

　　在角色区中，无论是教师自制的游戏材料，还是直接购买的成品材料，都在支持着幼儿的象征性活动，支持着幼儿在游戏中体验生活、习得经验。教师作为幼儿游戏中的观察者，应该结合幼儿的游戏情节和游戏进程投放相应的材料。例如，在以医院为主题的角色游戏中，当幼儿已经了解了挂号、看病、开药的游戏流程，教师就需要继续投放一些支持幼儿深度游戏的自制材料，如针对不同病症的药品、X光片材料等，支持幼儿再度结合生活经验，丰富游戏内容。

（二）投放材料

　　角色区是幼儿进行象征性活动和角色游戏的中心。在角色区中，幼儿可以按照自己的意愿扮演角色，通过模仿和想象，运用语言、动作、表情等，创造性地再现社会生活。角色游戏既为幼儿提供了再现人与人之间关系的机会，又为幼儿形成良好的社会交往能力打下基础。幼儿园教师可以根据幼儿的年龄特点、兴趣和生活经验，设计不同的角色区。例如，小班常以"娃娃家"为主题，帮助幼儿在游戏中体验不同的家庭角色，丰富他们的角色行为和语言，逐步充实游戏的内容和主题，培养幼儿独立游戏的能力。中班幼儿已具有一定的角色意识，随着生活经验的丰富，幼儿开展角色游戏的主题也较小班更加广泛些，情节也比较深入；开始喜欢和同伴共同游戏，但缺乏交往经验和技能。因此，中班角色区可以根据幼儿的兴趣点投放材料并创设主题，如餐厅、火锅店、咖啡店、医院等。大班幼儿能自主确定角色游戏的主题、内容；乐于与同伴合作游戏，能初步进行分工与协商；在游戏中有较强的角色意识和一定的坚持性；喜欢以角色的身份与其他活动区的幼儿交往。因此，大班角色区的材料主题可以进一步扩大至生活中不常接触的主题范围，如邮局、照相馆、商场、银行、小学等。

角色区材料投放图例

通过学习角色区游戏材料案例并进行经验梳理，请你尝试完成下方的任务单。

任务单 S2.5.2
1.
2.
3.

（三）讲故事

实践内容： 请你回顾自己在班级角色区的材料投放，你是如何投放的？哪份材料支持了幼儿达成有意义的学习？在投放游戏材料时你有哪些思考？请你向同组教师讲述一个典型的、优秀的角色区游戏材料投放的故事。

实践步骤：

1. 你可以和同事讲，也可以和一起参与培训的小组成员讲。

2. 案例应描述角色区游戏材料的背景、设计目标，讲述投放材料时的思考，幼儿在游戏中都有哪些表现。

任务单 S2.5.3
角色区游戏材料分享
案例背景（年龄班、时间、地点、幼儿已有经验等）：
材料目标（通过区域游戏活动想要达成的目的）：

续表

创设过程（设计材料的过程与思考，分享幼儿游戏表现）：   结果（分享教师使用了哪些设计的策略、效果如何）：   讲述人： 讲述时间：

3. 在相互讲述的过程中，请你总结出同伴有哪些好的角色区游戏材料投放思路，你可以怎样借鉴。

任务单 S2.5.4
1.   2.   3.

4. 举例说明你对角色区游戏材料投放理解和支持不足的地方，然后说一说你想重点改进的三个方面。

任务单 S2.5.5
简要描述不足：   我的思考与改进： 1. 2. 3.

（四）区域游戏观摩

1. 观摩目的

（1）重点观察教师是如何进行角色区材料设计的。

（2）观察教师是如何进行材料投放的。

（3）观察幼儿在区域中操作游戏材料的情况。

2. 观摩前的准备工作

（1）经验准备

教师掌握区域材料设计的策略和要点。

教师掌握区域观摩的目标，在区域观摩中的注意事项等内容。

（2）物质准备

课堂观摩工具；手机、相机等拍摄工具。

3. 观摩过程中需要使用的工具

任务单 S2.5.6		
角色区游戏材料投放与幼儿游戏表现观摩表		
观察时间：	观察地点：	观察者：
观察对象：	班级：	教师（职称）：
材料投放	具有操作性吗？	
	具有引导性吗？	
	具有层次性吗？	
	具有丰富性吗？	
幼儿游戏表现描述	幼儿使用了哪些材料？	
	幼儿对材料感兴趣吗？	
	幼儿是怎样游戏和探索的？	
材料设计与投放的反思	我认为值得学习的地方： 1. 2. 3.	我认为可以改进的地方： 1. 2. 3.

六、了解并设计美工区游戏材料

"小虫子吃苹果"是一份教师自制的美工区游戏材料,下面我们一起来了解这份材料,并基于这份材料讨论美工区游戏材料应如何设计、投放。

(一)案例解析

材料名称: 小虫子吃苹果 [①]
适宜年龄: 3—4 岁
操作活动目标: 1. 能使用剪刀沿虚线剪,勇于尝试不同难度的材料的操作。 2. 锻炼手部肌肉动作及手眼协调能力。 3. 能够坚持完成操作,体验独立操作的乐趣。
材料构成: 1. 操作底纸。 2. 贴有小虫子卡片的剪刀。 
材料特性体现: 1. 操作性:幼儿使用剪刀沿虚线剪,使小虫子"吃到"苹果。 2. 引导性: (1)操作底纸上的虚线可以引导幼儿沿虚线剪至苹果处。 (2)剪刀上贴有小虫子卡片可以提示幼儿剪的方向和目标,引导幼儿剪向苹果。 (3)剪刀上贴有小虫卡片和操作底纸上的苹果,创设了"小虫子吃苹果"的情境,引导幼儿完成活动。 3. 层次性:操作底纸上的虚线分为三种:直线、弯曲程度较小的曲线、弯曲程度较大的曲线,可供不同发展水平的幼儿操作。
经验准备: 幼儿能够用正确的姿势使用剪刀。

---

① 案例作者:北京实验学校(海淀)幼儿园,艾彦晴、马宇娟、王辰予。

续表

兴趣点：

幼儿对用剪刀"咔嚓咔嚓"剪纸的过程和"小虫子吃苹果"的情境感兴趣，想让小虫子吃到苹果。

操作步骤：

第一阶段：产生兴趣

幼儿来到美工区，在材料柜前驻足，摆弄"小虫子吃苹果"材料盘里的剪刀，小手拨弄着剪刀顶部的小虫子，然后端起材料盘放在桌子上。

第二阶段：开始操作

1. 取出一张直线路径的操作底纸。

2. 观察操作底纸上的直线，并用手指描绘。

第三阶段：专心致志

1. 拿起贴有小虫子卡片的剪刀，对准操作底纸上的直线。

2. 小心翼翼地沿直线剪至苹果处。

续表

3. 再选择一张曲线路径的操作底纸。

4. 左手拿着操作底纸，右手拿着剪刀对准操作底纸上的曲线。

5. 沿着曲线慢慢剪，边剪边调整操作底纸和剪刀的方向。

第四阶段：完成活动

1. 通过自己的努力完成作品，获得自信。

2. 幼儿兴奋地拿着自己的成果物向教师和同伴分享、展示。

注意事项：

对幼儿进行使用剪刀的安全教育。

变化与延伸：

1. 可以根据本班幼儿的发展水平设计虚线路径，设置不同的操作难度，满足不同水平幼儿的需求。

续表

2. 可以增加其他有趣的情境，如云朵、下雨等，增添幼儿的操作乐趣，保持幼儿对材料的兴趣。

根据自己的实践积累，在阅读完上述案例后，你有哪些启示呢？

任务单 S2.6.1
1.
2.
3.

上述案例呈现了美工区游戏材料的投放与幼儿的操作，美工区游戏材料多以开放性的材料为主，主要用于幼儿欣赏美、创造美；同时兼具个别自制的半结构化材料，这些半结构化材料可以提升幼儿的美工经验，如提升剪纸、揉泥等方面的经验。

（二）投放材料

美工区是幼儿园活动区中专门为幼儿提供的自由欣赏和个性创作的美工活动区域，是一个让幼儿感受美、表现美的小天地，它为幼儿的游戏、学习与创作提供适当的环境和条件，营造宽松、愉快的艺术氛围。在这个活动区内，幼儿可以选用不同的工具和材料，通过绘画、手工等活动形式，按照自己的意愿和兴趣来表达体验和情感，享受创作活动的快乐，获得精神上的满足，发展表现美、创造美的能力。

美工区材料
投放图例

请你完成语言区的材料投放，并写一写你投放了哪些材料，填写在任务单中。

（三）讲故事

实践内容：请你回顾自己在班级美工区的材料投放，你是如何投放的？哪份材料支持了幼儿达成有意义的学习？在投放游戏材料时你有哪些思考？请你向同组教师讲述一个典型的、优秀的美工区游戏材料投放的故事。

实践步骤：

1. 你可以和同事讲，也可以和一起参与培训的小组成员讲。

2. 案例应描述美工区游戏材料的背景、设计目标，讲述投放材料时的思考，幼儿在游戏中都有哪些表现。

任务单 S2.6.3
美工区游戏材料分享
案例背景（年龄班、时间、地点、幼儿已有经验等）：
材料目标（通过区域游戏活动想要达成的目的）：
创设过程（设计材料的过程与思考，分享幼儿游戏表现）：
结果（分享教师使用了哪些设计的策略、效果如何）：
讲述人： 讲述时间：

3. 在相互讲述的过程中，请你总结出同伴有哪些好的美工区游戏材料投放思路，你可以怎样借鉴。

任务单 S2.6.4

1.

2.

3.

---

4. 举例说明你对美工区游戏材料投放理解和支持不足的地方，然后说一说你想重点改进的三个方面。

任务单 S2.6.5

简要描述不足：

我的思考与改进：
1.
2.
3.

（四）区域游戏观摩

1. 观摩目的

（1）重点观察教师是如何进行美工区材料设计的。

（2）观察教师是如何进行材料投放的。

（3）观察幼儿在区域中操作游戏材料的情况。

2. 观摩前的准备工作

（1）经验准备

教师掌握区域材料设计的策略和要点。

教师掌握区域观摩的目标，在区域观摩中的注意事项等内容。

（2）物质准备

课堂观摩工具；手机、相机等拍摄工具。

3. 观摩过程中需要使用的工具

任务单 S2.6.6		
美工区游戏材料投放与幼儿游戏表现观摩表		
观察时间：	观察地点：	观察者：
观察对象：	班级：	教师（职称）：
材料投放	具有操作性吗？	
	具有引导性吗？	
	具有层次性吗？	
	具有丰富性吗？	
幼儿游戏表现描述	幼儿使用了哪些材料？	
	幼儿对材料感兴趣吗？	
	幼儿是怎样游戏和探索的？	
材料设计与投放的反思	我认为值得学习的地方： 1. 2. 3.	我认为可以改进的地方： 1. 2. 3.

七、了解并设计表演区游戏材料

"动物王国"是一份教师自制的表演区游戏材料，下面我们一起来了解这份材料，并基于这份材料讨论表演区游戏材料应如何设计、投放。

（一）案例解析

材料名称： 动物王国[①]
适宜年龄： 4—5 岁
操作活动目标： 1. 能自主选择服饰进行装扮，体验表演游戏带来的快乐。

---

① 案例作者：北京大学附属幼儿园，韩杰。

2.能学会正确使用乐器，掌握几种基本的节奏型，为歌曲配伴奏。

3.能在角色扮演中，增强表演表现的能力。

材料构成：

演员所用道具：

（1）铃鼓、打棒、三角铁、铜碰钟、响板等乐器。

（2）小兔头饰、小鹿发卡、小熊头饰等。

（3）节奏卡、魔法棒、蝴蝶翅膀、手绢花、纱巾等。

（4）音响、麦克风等。

观众所用道具：

（1）沙蛋、沙锤、手摇铃等。

（2）塑料花束、小拍掌、拉拉彩球等。

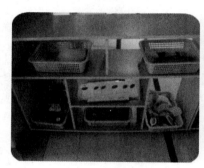 

材料特性体现：

1. 操作性

根据现有场地自制可方便移动和收放的舞台背景、幕布，增强了舞台的灵活度。角色服饰种类多、各式头饰、配饰可以供幼儿选择进行自主装扮，乐器的选择种类多元，表演区材料的操作性强。

2. 引导性

所投放的服饰、道具、乐器、音响等对幼儿表演游戏内容引导性较强，幼儿可以根据自己的选择进行表演游戏。

3. 层次性

由单一材料（如动物服饰）到多元材料（如头饰、配饰）以及低结构化材料（如使用纱巾自主装扮）和根据幼儿表演意愿投放的自制材料（如草帽、草裙）。

经验准备：

1.幼儿已有自主装扮、观看舞台剧和演出的相关经验。

2.幼儿已有使用乐器以及角色扮演的相关经验。

兴趣点：

1.幼儿根据自己的兴趣和意愿，选择材料进行表演游戏。

2.幼儿对所投放的材料产生兴趣，能借助现有材料进行演奏和扮演游戏。

续表

幼儿操作实录：

故事一：狭小的更衣室

区域游戏开始了，佳佳、琪琪、朵朵、浩浩、聪聪、丁丁六位小朋友陆续来到了表演区的服装间。只见，琪琪、浩浩、聪聪、丁丁取下了衣架上漂亮的服饰，进行装扮。主持人佳佳与音响师朵朵忙于准备开场。过了几分钟，主持人佳佳说道："快！快！快！小演员们赶紧换好衣服，准备演出了。"这时，只见四名小演员在更衣间急忙换演出服。琪琪一伸手碰到了正在穿裙子的聪聪，浩浩的发带又打乱了正在穿马甲的丁丁。一时间，更衣间出现了拥挤的现象。表演服饰散落一地，小演员们你挤我、我挤你。"观众都等急了，怎么还没换好衣服？"只听佳佳着急地说。更衣间太小了，所有的小演员们都皱起眉头来，看到此刻的情景我急忙走过去说："小演员们不要灰心，让我们一起来想想办法。"于是，我和小演员们开始寻找较为宽敞的地方。"哪里更适合做更衣间呢？"我提出问题，引发孩子们的思考，并有意识地引导孩子们寻找离舞台较近的活动区域，让他们自己去发现哪些地方适合当作更衣间。"老师，那边的阳台通道可以当更衣间吗？"琪琪大声地问道。"当然可以"，我肯定地回答。话音刚落，小演员们便急匆匆地来到了阳台通道处，将演出服饰整齐地挂到了栏杆上，又各自换上了演出服。换好服装后，聪聪叫来了主持人佳佳，演出开始正式了。

故事二：偏了台的演出

演出正式开始了，随着音乐响起，小演员们纷纷走向舞台，开始了认真而专注地表演。只见朵朵、浩浩、聪聪三位小演员都挨到了一起，跟随音乐做起了小鞋匠的律动。在绕线和缝补鞋子的过程中，三位小演员的胳膊你碰我、我碰你。到了第二个节目，丁丁、浩浩急匆匆地走上场。丁丁站到了舞台最左边，而浩浩则站到了舞台最右边。两位小演员分散到了舞台两边，离得远远的。演出结束后，小演员们纷纷在讨论，做动作时伸不开胳膊。这时，丁丁说："浩浩，你怎么离我那么远呀？有拉手的动作我都没法快速地够到你。""是啊！音乐都过去了，我们还没拉上手。"浩浩回答道。听到孩子们的讨论，我向孩子们提出了几个问题："在舞台的什么地方表演，观众才能清晰地看见？""台上的演员应如何找准舞台位置？既不拥挤也不离得太远呢？"孩子们陷入思考中。不一会儿，琪琪说："把麦克风的支架放在舞台中心的地方，这样就会找准中心点。"浩浩说："在舞台地上贴上相同形状的即时贴，就可以确定舞台中心和演员的位置。"这些方法是否可行呢？我和孩子们继续讨论起来。"如果把麦克风的支撑架放在中心，是不是很容易倒掉又找不好确定的位置。"丁丁说。"贴标记线既可以找准中心固定位置，还能长时间保持"聪聪接着说道。最后，我和孩子们决定把两个方法都试一试。在尝试之后，大家觉得还是第二个方法更可行，更能帮助演员找准位置。于是，孩子们就采用第二个方法，在舞台地面贴上标记线。

故事三：小演员间的碰撞

"请欣赏第一个节目，快乐的小跳蛙。"随着主持人佳佳响亮的报幕声，第一个节目开始了。舞台上小演员认真地做着动作，台下观众席不时传来掌声。舞台更衣间里其他小演员也在忙碌地做着准备。随着小跳蛙音乐的结束，小演员们纷纷谢幕下台。正在这时，只听溪溪大声叫道："你踩到我的脚了！"接着就是一阵混乱。观众们等了半天，也不见小演员们走上台。小演员们在后台你埋怨我、我埋怨你。琪琪说："是你踩的我。""是你撞到我的。"乐乐接着说。看到此刻情景，我赶忙走过去询问，"发生什么事情了吗？"我问孩子们。溪溪说："我们演出结束一下台，就碰到了正在上台的乐乐。我们的身体撞到了一起，还互相踩到了对方的脚。""哦！原来是两个节目上场与下场之间出现了问题，台上的演员与准备要表演的演员之间发生了碰撞。那该如何解决这些问题呢？"我接着问孩子们。小演员们沉思了一会儿纷纷说道："我们应该分清上场与下场的方向，这样就不会出现刚才的事情了。"我又接着问："如何才能分清楚上下场的方向呢？"乐乐说："那我们还是用标记线来提醒一下吧！"我笑了笑很肯定地说："好的，就用你们说的方法试一试。"接下来，孩子们将上场与下场位置用不同颜色做了标记。从那以后，小演员之间再也没有发生碰撞事件了。

续表

故事四：错了的道具

一天早饭后，笑笑、壮壮、果果、樱桃四位小朋友陆续来到了表演区，开始选择自己喜欢的道具和服饰进行装扮。一段时间过后，小演员们就装扮好了各自的角色，开始了演出。随着主持人笑笑的报幕声，音乐缓缓地响起来了。正当果果、壮壮专注、认真表演时，我发现果果头上戴着主持人用的皇冠，而观众小宸手里拿着演员用的头饰。演员与观众的道具为什么拿错了呢？我开始了思考。在接下来的观察中，我不断挖掘问题存在的根本原因，仔细查看表演区材料的摆放，原来问题出现在材料投放上。由于演员与观众所用道具都放在一个玩具柜里，才会出现演员和观众拿错道具的现象。那如何解决这些问题呢？我与孩子们一起开始了讨论。溪溪说："可以把所有道具贴上标记，这样就能区分开了。"乐乐说："选择两个柜子放道具，这样就能分清楚了。"经过商讨后，我们最终决定用两个柜子存放道具，即一个放演员道具，另一个放观众道具，这样就能分清各角色所用的道具了。于是，我和孩子们一起将所有的道具进行了分类摆放。

注意事项：

1. 关注幼儿使用乐器的方法，及时给予引导和纠正。
2. 关注幼儿自主装扮，提示幼儿注意穿戴安全。
3. 关注幼儿使用录音机的安全。
4. 关注幼儿在表演游戏中的安全。

变化与延伸：

1. 表演区材料投放不是一成不变的，教师应根据幼儿游戏中的实际需要随时做出调整和更新。
2. 可以借助家园合作，收集生活中适宜幼儿游戏和使用的低结构材料，鼓励幼儿大胆探索游戏。

根据自己的实践积累，在阅读完上述案例后，你有哪些启示呢？

任务单 S2.7.1

1.

2.

3.

表演区通常结合班级主题或幼儿兴趣，为幼儿提供服装、乐器、道具等丰富的游戏材料，以成品材料为主。教师也可能会投放一些自制的材料，以支持幼儿丰富表演情节、增强表演经验等。

（二）投放材料

表演区是幼儿园中融节奏乐表演、音乐表演、舞蹈表演、故事表演、时装表演于一体的表演空间。表演区作为幼儿园区域游戏活动的重要组成部分之一，既是幼儿进行创造性活动的有效途径，也是幼儿表现自我、发展自我、挑战自我的平台。

表演区中的象征性活动或角色游戏有利于发挥幼儿的想象力和创造力，促进幼儿的社会交往和合作能力，培养幼儿良好的情感态度和积极乐观的心态。表演区应根据不同年龄段幼儿的身心特点投放不同层次的游戏材料，做到有的放矢，具有针对性和计划性。例如，小班幼儿年龄小，表演游戏通常只涉及简单的扮演和音乐伴奏，所以教师在表演区中可以多提供一些小动物头饰和音乐伴奏素材，以及简单的乐器等。中班幼儿随着年龄的增长，表演欲望更加强烈，开始随着表演的主题简单地加工和使用替代物，这时教师应提供一些半成品的道具，使他们在力所能及的范围内完成简单的道具制作，感受成功的喜悦。大班幼儿有着丰富的想象力和创造力，以物代物的能力更强，对于替代物的真实程度要求更高，教师应为幼儿提供更加逼真的、丰富的材料，并鼓励幼儿自主设计、制作道具和游戏材料。

表演区材料
投放图例

请你完成表演区的材料投放，并写一写你都投放了哪些材料呢？

任务单 S2.7.2

（三）讲故事

实践内容：请你回顾自己在班级表演区的材料投放，你是如何投放的？哪份材料支持了幼儿达成有意义的学习？在投放游戏材料时你有哪些思考？请你向同组教师讲述一个典型的、优秀的表演区游戏材料投放的故事。

实践步骤：

1. 你可以和同事讲，也可以和一起参与培训的小组成员讲。

2. 案例应描述表演区游戏材料的背景、设计目标，讲述投放材料时的思考，幼儿在游戏中都有哪些表现。

任务单 S2.7.3
表演区游戏材料分享 案例背景（年龄班、时间、地点、幼儿已有经验等）：   材料目标（通过区域游戏活动想要达成的目的）：
创设过程（设计材料的过程与思考，分享幼儿游戏表现）：   结果（分享教师使用了哪些设计的策略、效果如何）：   讲述人： 讲述时间：

　　3. 在相互讲述的过程中，请你总结出同伴有哪些好的表演区游戏材料投放思路，你可以怎样借鉴。

任务单 S2.7.4
1.   2.   3.

　　4. 举例说明你对表演区游戏材料投放理解和支持不足的地方，然后说一说你想重点改进的三个方面。

任务单 S2.7.5
简要描述不足：   我的思考与改进： 1. 2. 3.

（四）区域游戏观摩

1. 观摩目的

（1）重点观察教师是如何进行表演区材料设计的。

（2）观察教师是如何进行材料投放的。

（3）观察幼儿在区域中操作游戏材料的情况。

2. 观摩前的准备工作

（1）经验准备

教师掌握区域材料设计的策略和要点。

教师掌握区域观摩的目标，在区域观摩中的注意事项等内容。

（2）物质准备

课堂观摩工具；手机、相机等拍摄工具。

3. 观摩过程中需要使用的工具

任务单 S2.7.6		
表演区游戏材料投放与幼儿游戏表现观摩表		
观察时间：	观察地点：	观察者：
观察对象：	班级：	教师（职称）：
材料投放	具有操作性吗？	
	具有引导性吗？	
	具有层次性吗？	
	具有丰富性吗？	
幼儿游戏表现描述	幼儿使用了哪些材料？	
	幼儿对材料感兴趣吗？	
	幼儿是怎样游戏和探索的？	
材料设计与投放的反思	我认为值得学习的地方： 1. 2. 3.	我认为可以改进的地方： 1. 2. 3.

我来写一写

幼儿园教师在观摩区域游戏活动时应重点观摩哪些方面的内容？请在你认为重要的内容后面打√。

活动区域_____　　游戏形式(个人资源/集体合作)_____　　活动实施环节_____

幼儿行为表现_____　　教师提供的材料(低/高结构)_____　　幼儿操作材料_____

教师支持策略_____　　游戏活动目标_____　　　　　　　　材料的特点_____

我来练一练

请你结合区域游戏材料的特点和自制策略，任选一活动区独立设计一份游戏材料，并尝试投入使用。

第三节　反思自身是否能够进行区域游戏材料设计

我来写一写

1. 请你阅读区域游戏材料的内涵，并完成下方的填空。

> 区域游戏活动是指幼儿在"_____"中主动发起的幼儿园教师支架幼儿围绕
> "_____"，经由"_____"，聚焦"_____"，达成"_____"的_____。
>
> | | |
> |---|---|
> | A. 有准备的教师 | F. 有成长的成果 |
> | B. 有准备的环境 | G. 有意义的学习 |
> | C. 有准备的主题 | H. 有深度的探究 |
> | D. 有准备的材料 | I. 集体探究活动 |
> | E. 有意图的环节 | J. 个别探究活动 |

2. 请阅读区域游戏活动"我给钟表找数字"案例（表2-2），尝试圈出案例的不足之处并进行修改。

表 2-2　区域游戏活动"我给钟表找数字"案例

活动名称	"我给钟表找数字"（中班）
活动目标	1. 能手口一致地进行点数 2. 能对图形进行一一对应 3. 感知生活中的钟表，体会钟表上数字代表时间
活动准备	教师自制玩具钟表，包含钟表材料一份、对应辅助材料一套、操作指示图一份、成果物钟表纸盘若干。
活动材料特性	操作性：幼儿可以使用材料进行操作和摆弄，形象可爱，材料有趣，能激发幼儿操作愿望。 引导性：设计时使用图形形状作为引导；粘贴数字处有对应的点，便于幼儿点数检验。 层次性：对于经验丰富的幼儿可以通过点数和数字的认知直接粘贴；对于经验不丰富的幼儿可以通过图形嵌套等多种方式进行操作。

续表

活动材料特性	
活动过程记录	乖乖拿到材料后进行操作，她把材料拿出来摆在桌面上，将钟表材料放在面前，她先看了一下表盘，然后拿起一个草莓，对照钟表的图形对草莓进行一一对应，然后再把草莓粘在盘子上，最后完成了操作
活动支持记录	教师在提供材料时注重材料的趣味性，设计了吸引幼儿的钟表表盘，然后幼儿在操作时可以看着钟表的镶嵌图形，能够在材料的引导下一步一步完成操作

一、反思自身是否理解区域游戏材料

在学习了本章内容后，请以小组为单位或与你身边一同学习的伙伴围绕以下要点展开讨论并进行记录。

任务单 F2.1.1	
讨论要点	反思记录
关于区域游戏材料的内涵，你印象最深的三点是什么？	

续表

讨论要点	反思记录
关于区域游戏材料的价值，你印象最深的三点是什么？	
关于区域游戏材料的特点，你印象最深的是哪几点？	
为什么要重视幼儿材料的操作性？	
为什么要重视幼儿材料的引导性？	
为什么要重视幼儿材料的层次性？	

讨论要点	反思记录
请举例说明，你是如何设计区域游戏材料的？	我是这样做的：

二、反思自身是否能够做好区域游戏材料的设计

（一）反思区域游戏材料的操作性

在学习了本章内容后，请以小组为单位或与你身边一同学习的伙伴围绕以下要点展开讨论并进行记录。

任务单 F2.2.1	
讨论要点	反思记录
你向活动区中投放的游戏材料是成品还是半成品？请举例说明	
对于你投放的游戏材料，幼儿是仅仅摆弄还是持续操作？请举例说明	
幼儿是如何进行多通道、多感官学习的？请详细描述	

（二）反思区域游戏材料的引导性

在学习了本章内容后，请以小组为单位或与你身边一同学习的伙伴围绕以下要点展开讨论并进行记录。

任务单 F2.2.2	
讨论要点	反思记录
材料的内置引导性可以有哪些具体表现？	
材料的外置引导性可以有哪些具体表现？	

（三）反思区域游戏材料的层次性

在学习了本章内容后，请以小组为单位或与你身边一同学习的伙伴围绕以下要点展开讨论并进行记录。

任务单 F2.2.3	
讨论要点	反思记录
你设计的游戏材料能够满足不同幼儿的发展需求吗？请举例说明	
你设计的游戏材料有不同的难度层次吗？请详细描述	

（四）反思区域游戏材料的丰富性

在学习了本章内容后，请以小组为单位或与你身边一同学习的伙伴围绕以下要点展开讨论并进行记录。

任务单 F2.2.4	
讨论要点	反思记录
你在活动区中投放的游戏材料丰富且适宜吗？请举例说明	
你在活动区中投放的游戏材料是如何体现丰富性的？请举例说明	

（五）总体反思区域游戏材料的设计

在学习了本章内容后，请以小组为单位或与你身边一同学习的伙伴围绕以下要点展开讨论并进行记录。

任务单 F2.2.5	
讨论要点	反思记录
你最满意的一份自制区域游戏材料是什么？请详细说明	
上述自制区域游戏材料带给你的三点启示是什么？	
你还会如何改进这份自制游戏材料？	
其他同事对你的自制游戏材料提出了什么好建议？	

我来写一写

1. 请你阅读区域游戏材料的内涵，并完成下方的填写。

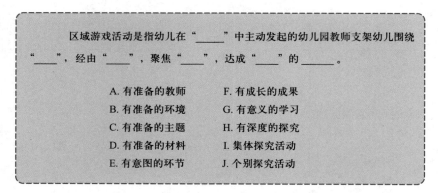

区域游戏活动是指幼儿在"＿＿＿"中主动发起的幼儿园教师支架幼儿围绕"＿＿＿"，经由"＿＿＿"，聚焦"＿＿＿"，达成"＿＿＿"的＿＿＿＿。

A. 有准备的教师　　　F. 有成长的成果

B. 有准备的环境　　　G. 有意义的学习

C. 有准备的主题　　　H. 有深度的探究

D. 有准备的材料　　　I. 集体探究活动

E. 有意图的环节　　　J. 个别探究活动

2. 请你再次阅读节前的区域游戏活动"我给钟表找数字"案例，并思考还有哪些可以改进的地方。

我来练一练

请你继续完善区域游戏材料，并再次投入使用，观察与记录幼儿操作材料的过程。

·‖【我走到了这里】

亲爱的老师，我们要结束本章的学习了。请你思考以下问题，在表2-3中最符合自己情况的方框内画√，据此了解自己的学习效果。

表2-3　教师自评表

项目	我走到了这里			
	一级水平	二级水平	三级水平	四级水平
1. 关于幼儿园区域游戏材料的内涵	□我还不了解幼儿园区域游戏材料的内涵	□我知道幼儿园有区域游戏应投放不同材料，但不清楚具体如何投放	□我知道幼儿园区域游戏材料是教师有准备、有目的进行投放的	□我非常清楚区域游戏材料的内涵，知道区域游戏材料对于幼儿游戏的价值

续表

项目	我走到了这里			
	一级水平	二级水平	三级水平	四级水平
2. 关于幼儿园区域游戏材料的价值	□我还不了解区域游戏材料的教育价值，觉得材料是否投放不重要	□我知道区域游戏材料对幼儿学习与发展有一定价值，但是不清楚如何投放	□我了解区域游戏材料对幼儿学习与发展有较高的教育价值，并且在班级中积极投放材料	□我非常清楚区域游戏材料对幼儿学习与发展的多元价值，并且乐于研究区域游戏材料
3. 关于幼儿园区域游戏材料的投放	□我还不了解区域游戏材料需要有目的的设计与投放	□我知道区域游戏材料需要根据幼儿兴趣、班级活动进行投放，但是不清楚投放什么材料	□我了解1～3个区域应该如何投放区域游戏材料，幼儿使用率较高	□我能够根据不同区域游戏活动内容投放适宜的区域游戏材料，并在游戏中不断调整和改进材料，幼儿使用率高
4. 关于幼儿园区域游戏活动的自制材料	□我还不了解区域游戏材料需要自制材料，且不愿意自制	□我知道区域游戏材料需要根据幼儿兴趣、班级活动进行投放，但是不清楚自制材料的内涵与价值	□我能够设计1～3个区域游戏的自制材料，幼儿使用率较高	□我能够根据不同的教育目标和班级教学需求设计自制材料，幼儿使用率高

--------------------------◦【 拓 展 阅 读 】◦--------------------------

王微丽，霍力岩. 支架儿童的主动学习：经历 经验 经典 [M]. 北京：北京师范大学出版社，2016.

该书是深圳市莲花二村幼儿园围绕"支架儿童的主动学习"这一核心思想阐述该园莲花课程十多年的实践经验。莲花课程把区域活动和主题活动作为课程活动的核心内容，注重儿童的主动学习，是课程的精髓体现。该书从幼儿园课程的教学实践、教师培训、评价实践三大方面论述该课程的实施过程，并详细介绍了课程建构的背景、历程、理论基础、立场声明，对幼儿园课程实践工作具有较强的指导意义。特别是在该书区域活动的开展部分，详细阐述了区域材料的设计与具体实例，可供幼儿园新入职教师学习与参考。

如何开展幼儿园区域游戏活动中的观察与记录

第三章

学习目标

学习本章内容后，你将能够更好地：

1. 了解教师观察区域游戏活动的重要价值。

2. 使用适宜的方式对幼儿的区域游戏活动进行观察。

3. 掌握如何进行区域游戏活动观察记录的撰写。

4. 加深对区域游戏活动中幼儿典型行为表现的认识。

【想一想】

　　小雨和坤坤在建筑区进行搭建活动，随后搬来了 4 把椅子分别放在"建筑物"的两侧，用一个圆形的积木当作方向盘，两人看着搭建好的作品欢呼鼓掌。小雨把韩老师叫了过来："韩老师，你知道我们搭的是什么吗？"韩老师问："是汽车还是坦克？"小雨回答："都不对，我们搭的是门口的 300 路公交车。"韩老师说："原来是 300 路公交车啊，这是乘客的座位吗？"小雨开心地回答："对，我们马上就搭完了。"这时，坤坤大喊："不对，我们还没有搭完，300 路公交车是双层的，咱们才搭了一层。"

　　接下来，小雨和坤坤继续搭建 300 路公交车，韩老师帮助他们把 300 路公交车的照片打印了出来。两个小朋友通过观察发现 300 路公交车中间有个小梯子，可以上到公交车第二层，于是他们开始尝试用空心积木和长木板进行搭建，但是由于第一层很高，他们在搭建第二层时积木总是搭不稳往下掉，这时韩老师鼓励他们说："你们可以想办法解决一下。"小雨和坤坤发现底部的积木没对齐，开始调整，随后进行分工合作，小雨用手扶着底部，坤坤扶着较高的位置，小雨和坤坤请韩老师往够不到的地方放积木。在三个人的合作下，双层的 300 路公交车搭建完成，小雨和坤坤还从美工区寻找材料，制作了 300 路公交车的标志。

　　请你基于上述案例思考以下两个问题：

　　（1）案例中的教师使用了什么样的观察记录方法？你是如何知道的？

　　（2）案例中的教师关注到了幼儿的哪些游戏行为？

【我从这里出发】

亲爱的老师，我们即将开启本章的学习。在学习本章内容之前，请你先思考以下问题，并在表 3-1 中最符合自己情况的方框内画√，据此了解自己将从哪里出发。

表 3-1   教师自评表

项目	我现在在这里			
	一级水平	二级水平	三级水平	四级水平
1. 关于幼儿园区域游戏活动的观察	□我不知道幼儿区域游戏活动需要教师进行观察	□我知道应该观察幼儿区域游戏的状态，但是不知道该如何观察	□我能够在区域游戏活动时间专心观察幼儿的游戏过程，并发现幼儿的需要	□我能够在区域游戏活动时间做一名观察者、陪伴者、支持者，及时发现幼儿的游戏需要，捕捉幼儿的闪光点
2. 关于幼儿园区域游戏活动的观察记录与分析	□我认为幼儿区域游戏活动不用记录，也不用分析幼儿的游戏	□我知道应该观察并记录幼儿区域游戏的状态，但是不知道该如何记录与分析	□我能够在区域游戏活动时间观察并记录幼儿的游戏过程，根据《指南》对幼儿游戏行为进行分析	□我能够在区域游戏活动时间观察并记录幼儿的"哇时刻"，能够结合幼儿游戏内容分析其游戏过程和最近发展区

第一节　了解区域游戏活动中的观察与记录

我来写一写

请想一想你在观察幼儿区域游戏时，通常会记录哪些内容？请在下方勾选出来。

> 观察时间　　　观察对象　　　　观察者　　　幼儿年龄
>
> 观察的内容　　基于观察的分析　　　　提出教育策略
>
> 幼儿游戏的过程

一、为何观察：区域游戏活动中观察的价值

《幼儿园保育教育质量评估指南》指出，教师应认真观察幼儿在各类活动中的行为表现并做必要记录，根据一段时间的持续观察，对幼儿的发展情况和需要做出客观全面的分析，提供有针对性地支持；不急于介入或干扰幼儿的活动。《3～6岁儿童学习与发展指南》指出，教师在幼儿的活动过程中应该观察幼儿的行为表现并做必要记录。那么，具体到区域游戏活动，教师观察幼儿的目的是什么呢？

（一）为了解幼儿而观察

1. 了解幼儿的游戏内容

教师通过观察了解幼儿正在进行的游戏内容，了解幼儿想要玩什么游戏或者游戏进行到了哪个环节。

2. 了解幼儿的游戏需要

教师通过观察发现幼儿在游戏中的需要，包括幼儿对环境的需要、对材料的需要、对教师支持的需要等。

3. 了解幼儿的游戏水平

在真实的游戏场景中，系统的观察和记录能够帮助教师了解幼儿的游戏水平，准确把握幼儿的现有水平和"最近发展区"。

（二）为支持幼儿而观察

1. 解读游戏内容：准确支持的前提

教师只有通过不动声色地观察，才能够准确解读幼儿在游戏中真实的游戏意愿。如果教师没有进行观察，直接询问幼儿游戏内容，不一定能够发现幼儿的真实意图，甚至有可能干扰幼儿的游戏进程。

2. 支持游戏需要：促成有意义的学习

教师在观察过程中会发现幼儿的游戏需要，或者幼儿可能会主动寻求教师的帮助。这时，教师应及时给予支持才能够帮助幼儿继续游戏，幼儿也才能够专注于游戏内容，产生深度学习。

3. 判断游戏水平：达成有目的的发展

教师通过观察可以捕捉幼儿的典型行为表现，判断幼儿的现有发展水平，发现幼儿的"最近发展区"，从而更好地支持幼儿的发展。教师可以通过语言、动作、材料等多重方式，支持幼儿在"最近发展区"内获得发展。尤其是教师在观察到幼儿在操作材料出现困难时，可以有重点地调整游戏材料，让游戏材料能够更好地发挥教育价值。

（三）为提升专业能力而观察

作为一名幼儿园教师，只有不断地观察幼儿才能够提升自身的专业能力。

1. 了解幼儿的年龄特点和发展水平

想要深入了解幼儿的年龄特点和发展水平，教师就需要对幼儿进行持续性观察。幼儿自然的游戏状态能够帮助教师了解其真实的发展水平。

2. 捕捉典型的游戏行为表现，了解幼儿的个体差异

在一次有准备的、深入的幼儿区域游戏活动观察中，教师能够观察并记录幼儿在某些方面典型的游戏行为表现。区域游戏活动向教师提供了更加深入了解幼儿个体差异的机会。

3. 反思自身的教育实践，调整游戏指导策略，提升指导水平

观察与记录应用得当有助于教师专业能力的提升。首先，教师在分析区域游戏活动中幼儿的行为表现时，能够看到自己创设的活动区环境、提供的游戏材料是否适宜，对幼儿的发展有哪些作用，这实际上就是在反思自己的教育实践。其次，观察与记录能够支持教师群体之间开展交流与研讨，在这个过程中，教师可以通过不断调整游戏指导策略来提升自身的指导水平。

4. 发现有价值的游戏现象，开展教育教学研究

多样本且持续性的观察与记录能够帮助教师发现幼儿在某些领域产生的有意义

的游戏现象，这样的观察与记录是教师开展教育教学研究的重要选题来源之一，有助于教育教学研究真正落地，服务幼儿的学习与发展。

二、如何观察：区域游戏活动中观察与记录的方法

在组织班级区域游戏活动时，教师可以借助一些观察方法来支持教育实践工作。在选择不同的观察方法时，教师可以根据观察目的、观察内容，结合实际情况进行选择。

（一）描述法

描述法是指观察者记录被观察者在自然状态下所发生的行为和所处的情境，然后对收集到的原始资料进行分类，并加以分析的方法。描述法可以分为日记描述法、轶事记录法、持续记录法等具体的观察与记录方法，其中较为常用的是轶事记录法和持续记录法。

描述法的优点：能够清晰记录幼儿的行为表现；观察的时间、对象、地点可以灵活调整；能够在幼儿自然游戏的状态下进行记录，无须提前过多准备。

描述法的弊端：在观察与记录过程中容易出现教师的主观臆断。

1. 轶事记录法

要点 1：注意使用白描的方式进行记录。教师要在幼儿自然游戏的状态下进行观察，并使用描述性语言进行记录，把幼儿的动作、神情、语言等如实的进行记录（表 3-2）。

要点 2：教师应在观察前设计一个初步的观察目的。轶事记录相对简短，需要教师带有一定的目的去观察幼儿，例如观察什么、多久观察一次、何时观察、在哪里观察等。[①] 这样更有利于教师记录到有价值的信息。

要点 3：观察后尽快进行记录。教师在观察时可以使用相机进行拍照或录像，也可以使用录音设备进行录音。除此之外，教师还可以随身携带便签，随时记录幼儿的语言或行为，在撰写轶事记录时能够最大限度地还原观察场景，做到尽量真实和准确，避免遗漏重要的内容。

---

① 玛丽昂. 观察：读懂与回应儿童 [M]. 刘昊，张娜，罗丽，译. 北京：中国轻工业出版社，2021.

表 3-2 中班幼儿观察记录——操作电路游戏 ①

观察者	马老师	观察时间		2021 年 11 月
观察对象	小海	地点		科学区
年龄	4 岁	性别		男
观察目的	观察幼儿的操作电路游戏材料的情况			
现象	小海今天在科学区玩电路玩具，不一会儿他举着拼好的电路材料给我看："马老师，你看我拼好了！""哇，你这里有个灯啊，这个灯会亮吗？"我好奇地问道。"会啊！你看，我把开关打开就行了"，小海信心满满地说。我问："开关在哪里？"他手指了指开关的位置，并且拨到了"ON"上，红色的小灯顿时亮了起来。我赞叹道："真是太棒啦！你居然能让小灯亮起来，真了不起！你能告诉我，你是怎么拼的吗？""我就是看图拼的，图上怎么拼我就怎么拼。"于是，我拿起步骤图看了看，果然线路一模一样，但是我发现在步骤图中红灯的位置似乎还应该有个零部件，小海没有拼上。我指了指图示中的位置，说："你看看这里是不是少拼了什么？"小海说："我看到了，但是我不知道这个是什么，刚才拼的时候就没拼。""这个看起来像喷泉一样。"小海看了看图又在玩具筐里翻找了一下，发现了那个没有拼上的零部件，并把它安装在了红灯上，他又打开了开关，这下红色灯光顺着发光纤维束蔓延开来，漂亮极了！我说："这个叫发光纤维束。"小海不由得发出了惊叹声，周围的小朋友也都闻声围过来，惊叹不已。我对大家说："你们看，这个会发光的灯是小海拼的，还带开关呢。"我让小海为大家演示了一下，小朋友们都鼓起掌来夸赞小海："小海你真厉害！小海你好棒呀！"小海脸上也露出了自豪的笑容			
分析	小海在组装电路时能够参照步骤图进行拼装，让灯泡发光，但由于对零部件和个别图示对应不上，导致有一个零部件没有拼装上，在老师的引导下最终基本独立完成，体现出了较高的游戏水平。老师的表扬以及在小朋友面前对他的鼓励能够帮助小海提高自信心，同时也能激起更多幼儿体验电路玩具的兴趣			
措施	请小海在区域游戏活动的集体分享环节为大家展示与介绍，鼓励更多幼儿尝试电路玩具。 制作补充图示，将线路符号与零部件照片一一对应，辅助幼儿读懂图示，能够按照图示进行拼装			

2. 持续记录法

要点 1：教师在持续记录时，应使用描述性的语言对幼儿游戏过程尽量进行客观地描述，从而便于分析和调整支持策略（表 3-3）。

要点 2：持续记录应尽量清晰地记录细节，特别是对于幼儿游戏中的操作过程应该进行详细地记录，可以使用相机作为辅助记录工具。

---

① 案例作者：北京实验学校（海淀）幼儿园，马宇娟。

表 3-3   露台上的冰块：15 分钟持续性记录的摘录 ①

背景信息	集中观察	反思／评论
上午 9:49 事件发生在大学实验学校的几个 4 岁儿童中，时间是 8 月底的一个热天。孩子们穿着夏天的衣服来到室外操场。他们看起来很急切地要到外面玩。尽管天气很热，他们依然冲到各个区域。其中的四个孩子看到了露台上有个冰块，就跑了过去	上午 9:51。莫莉（M）、爱子（A）、肯尼（K）和萨姆（S）跑到了露台边上，看到那里有一块很大的冰块。老师（T）也走了过去。K 尖声叫道："看！冰！一大块冰！看……透过它能看到后面的东西。"他一边笑着一边把手放到冰上，又放到自己的脸上。K 说："感觉很好。"K、A、M 都用手在冰上摸，S 则站在离冰较远的地方，看着冰块，张着嘴看着他们。"S，摸一摸冰，很滑，"A 叫他。K 也附和道："是凉的。"老师在旁边站了一会儿，看着孩子们摸冰。S 走过来，小心地伸出手。K 指着一处平滑的冰面鼓励他："摸这儿，S。"	儿童的表情和语言表明他们很惊奇！
	S 把右手放到了冰上，脸上露出惊讶的表情。K 说："看，是凉的。"S 没有说什么，但是咧着嘴笑了起来，把已经湿了的手放到自己的脸上。他看起来不再小心翼翼了，快速地把手又放回到冰上，画着圈。他举起手的时候，水从手上往下滴。S 看着水滴落到干的露台上。S 说："看，是水。老师，是水。"他瞪大了眼睛，张大嘴巴。	S 看起来并不害怕，但是对于摸冰犹豫不决
	老师说："观察得很好，S。你手上在滴水。你摩擦了冰，手上就开始滴水了。你觉得发生了什么？"S 看着老师的脸，皱起眉头，似乎在认真地听老师说话。"我把手放到冰上，然后手上就有了水。冰在我手上变成了水。"	S 看起来信任其他小朋友，后来他很喜欢这个活动
	其他的孩子继续摸着冰，把水滴到露台上。他们在听 S 和老师的对话。A 说："看，我也在滴水。"她活泼地甩着手，把水甩出一条弧线。老师说："你摸冰的时候，它发生了什么？"S 脸上困惑的表情突然消失了，就像一个突然获得新发现的人一样脱口而出："冰融化了。"K 表示同意："对，冰融化了。"A 和 M 继续摸着冰，然后看着水从手上滴到露台上。	S 的表情让我觉得他很惊讶、困惑
	这时，冰块开始变成液体，能看到滴下来的水把灰色的露台变成了深色。A 指着冰下的地面说："看，现在冰下面有水了。"老师说："嗯，我们都没有摸冰的下面，你们觉得为什么那里也有水？" （上午 9:58，摘录结束。）	老师发起了冰怎样变成水的讨论

① 案例转载自：玛丽昂 . 观察：读懂与回应儿童 [M]. 刘昊，张娜，罗丽，译 . 北京：中国轻工业出版社，2021：76-77.

（二）评定法

评定法是指教师在观察的基础上，对幼儿游戏行为或事件作出判断。常用的评定法包括行为检核法和等级评定法。

评定法的优点：便于记录和统计；便于对幼儿的发展水平进行纵向比较。

评定法的弊端：易产生对幼儿的偏见，不能详细记录幼儿游戏行为和游戏过程。

1. 行为检核法

要点 1：在编制行为检核表时，为了能够更加科学、更加准确，教师可以参考相关的资料和已有研究，比较客观地进行行为检核表的研制。

要点 2：行为检核表的内容应具有比较清晰的指向性，内容是处于同一个维度下的行为描述，描述的主体应该一致（表 3-4）。

要点 3：在进行行为检核时，教师应提前了解评定的内容，并根据幼儿的真实行为客观公正地进行评价。因为检核表无法详细记录幼儿的游戏过程，所以教师更加应该客观地进行行为评定。

表 3-4　大班幼儿语言区行为检核表 [①]

对象：	年龄：　　　　　　地点：　　　　　　日期：		
项目	评价项目要点	能	不能
情感	能根据自己的发展需要选择适宜的语言区材料		
	自发与同伴合作探索语言区材料		
	主动邀请教师合作探索语言区材料		
态度	不受环境干扰，独立完成语言区材料探索		
	能想办法克服困难，完成语言区材料探索		
能力	主动完成对较复杂的语言区材料的探索		
	能根据自身需要均衡地选择语言区材料		

2. 等级评定法

要点 1：在开展等级评定前，教师应该对等级评价表有充分的学习与理解，以便于在观察中及时捕捉到有意义的观察内容，进而进行评定（表 3-5）。

要点 2：为了让等级评定的更加准确，建议有 2 ～ 3 名教师共同进行评定，避

---

① 案例转载自：王微丽，霍力岩.幼儿园语言区材料设计与评价 [M].北京：中国轻工业出版社，2018：227.

免个人评定的主观判断。

表 3-5 幼儿健康领域等级评定表 [1]

指标	观察内容	评价	评价时间		
			开学	期中	期末
走	两臂前后自然摆动，上体保持正直。身体不摇晃，轻轻落地，不跺脚	★			
		★★			
		★★★			
跑	跑步时，双臂屈肘在体侧，前后自然摆动，头部保持正直	★			
		★★			
		★★★			
跳	立定跳远 50 cm：双脚同时落地，双腿弯曲，身体保持平衡	★			
		★★			
		★★★			

（三）抽样法

抽样法是以行为为样本的观察与记录方法，它不需要对观察对象进行描述，而是拟定一份观察编码记录单，在一段时间内进行观察并做好记录，并在观察后得出结论。抽样法主要分为时间抽样法与事件抽样法。

抽样法的优点：节约时间与精力，能够在短时间内收集到大量的资料。

抽样法的缺点：只能记录事件发生的频率，不能详细记录事件发生的背景信息。

1. 时间抽样法

要点 1：教师在开展时间取样前，需要提前确定好观察的目标行为，并明确观察的时间长度（表 3-6）。

要点 2：时间取样适合观察那些发生频率较高的行为或事件，不适合发生频率较低的行为或事件。

---

[1] 案例转载自：白爱宝，等 . 幼儿成长记录册：小班下 [M]. 北京：教育科学出版社，2007：7.

表 3-6　幼儿观察记录——一起捏彩泥 ①

观察日期：2014 年 3 月 19 日

开始时间：上午 8:55　　　　　　　结束时间：上午 9:04

成人数目：1

儿童数目：2

儿童信息：Ryan，4 岁 7 个月；Andrew，4 岁 9 个月。

目的：观察 Ryan（目标儿童）在与另一位年龄相近的儿童 Andrew（卷入儿童）玩橡皮泥时的互动。

目标：观察并记录社会性互动；观察并记录儿童使用的语言。

环境：材料屋正中的一张桌子，Ryan 和 Andrew 并排站着。他们都拿了一块橡皮泥。一位成人坐在他们对面的桌边。

代码：TC = 目标儿童（target child）；CI = 卷入儿童（child involved with）；A = 成人（adult）；SP = 独自游戏（solitary play）；PP = 平行游戏（paralel play）；Pair P = 互动游戏（interactive play）

时间	活动	编码	语言	社会性
8:55	TC 把橡皮泥放在桌上并用手把它压平。他把橡皮泥滚成球，又把它稍微压扁	TC	看，生日蛋糕	SP
8:56	TC 把"蛋糕"推向 CI	TC – CI	给！（CI 没有回答）	PP
8:57	TC 把"蛋糕"拿回自己面前，把它揉成香肠状	TC – CI CI – TC TC – CI	看看我做了什么? 这是什么? 香肠	Pair P
8:58	CI 伸出胳膊抓住了"香肠"另一端，"香肠"断成了两截	CI – TC	两根香肠	Pair P
8:59	TC 拿起断成两截的"香肠"揉成圆球状	CI – TC TC – CI	给我 不	Pair P
9:00	CI 伸手过来抓了一个橡皮泥小圆球。他背朝着 TC，TC 在他背上推了一把	TC – CI CI – TC TC CI – TC	我的 不是 发出怒吼 分享，给	Pair P
9:01	CI 把彩泥给 TC； TC 和 CI 把小球揉在一起，滚成大球，又把它拉开揉捏			Pair P
9:02	TC 伸长胳膊到桌子对面拿了个长柄平底锅，他看着 CI	TC – CI	放进来，这是晚餐	Pair P

———————

① 案例转载自：莎曼，等 . 观察儿童：实践操作指南 [M]. 单敏月，王晓平，译 . 上海：华东师范大学出版社，2008：55~57. 选用时有改动。

续表

时间	活动	编码	语言	社会性
9:02	TC拿着锅，让CI把橡皮泥球放进来。他们拿给成人看	TC/CI－A A－TC/CI	看，晚餐看起来很可口，我能吃一点吗？	Pair P
9:03	TC围着桌子走过去，拿起盘子和叉子，拿到A面前。他放下盘子把叉子递给A	A－TC	谢谢！	Pair P
9:04	CI走到A身边	CI－A TC－A	要什么？薯条和豌豆	Pair P

结论：在观察开始之前，两位儿童均在玩橡皮泥，但他们进行的是独立游戏。TC揉彩泥球和压扁它，在观察时间的第一分钟里他仍是这样玩着。TC将橡皮泥揉成蛋糕形状并将之递给CI，而CI没有给予回应。在TC第二次递出蛋糕时，CI抢走进而拉坏橡皮泥。TC在得到机会时用推"回敬"了CI。几分钟后，两个男孩忘记了前面不大愉快的事件，一起玩，将游戏发展成想象游戏

2. 事件抽样法

要点1：事件取样法只需要观察提前设计好的观察事件，当事件发生后，教师就可以对出现的事件进行详细描述。

要点2：在运用事件取样法时，教师需要注意记录事件发生的情境，以便后续更加客观地分析事件（表3-7）。

表3-7 幼儿社会行为观察记录 ①

时间	事件	之前发生的事	在场的人	之后发生的事	评论
11:20	Ben抢了James的橡皮，James又抢了回来	Ben在书写先前选好的一则故事	桌子边另有3个儿童，教师在她的办公桌边	Ben骂了James一句并打了他的胳膊一下，James大叫起来，教师出来干预	Ben应该先礼貌地询问，如果他做不到这点，则可以请教师及时干预。Ben应该控制他的怒气
11:35	前一事件再度发生	继续在桌边写	就Ben和James两个人在桌边。教师在图书角	James叫教师来干预。Ben换座位单独坐下	再次提醒Ben，在拿东西前要先询问对方

① 案例转载自：莎曼，等.观察儿童：实践操作指南[M].单敏月，王晓平，译.上海：华东师范大学出版社，2008：60-62.

续表

时间	事件	之前发生的事	在场的人	之后发生的事	评论
1:20	Elliot 从背后推 Ben，Ben 摔倒了	儿童正在换上体育课用的衣服	所有儿童在一起换衣服，教师协助他们	Ben 跳起来，拉了 Elliot 的上衣，Elliot 大叫，教师来干预	Ben 并非此次事件的肇事者
1:50	Ben 尖叫，因为他认为有人拿走了他的领结	体育课后，儿童们正在换回原来的装束	所有儿童在一起	几位儿童似乎被吓着了，倒退几步离 Ben 远些。教师干预，找到了领结	Ben 需要学会用一种别人能接受的方式来表达自己

三、观察什么：区域游戏活动中的观察内容

（一）关注与倾听幼儿的计划

在区域游戏活动中，幼儿通常会有自主计划的时间或是在教师引领下的计划时间。教师应该重点关注与倾听幼儿的计划。那么，计划与幼儿的区域游戏活动之间有什么样的关系呢？

第一，计划能够帮助教师了解幼儿想要"做什么"。例如，明明说："我今天要去角色区当厨师，给好朋友做饭。"在了解了幼儿的计划后，教师就能够清楚幼儿今日的游戏内容，有利于教师在游戏过程中进行观察、记录与指导。

第二，计划能够帮助教师了解幼儿想要"如何做"。例如，明明说："我要先去贴上厨师的标记，然后准备我的做饭工具，我要烤一根玉米。"在倾听了幼儿的想法后，教师就能够了解幼儿今日的游戏活动可能会在哪些地方存在困难，进行有目的地观察，初步思考是否需要在游戏过程中向幼儿提供材料、行为等方面的支持。例如，如果角色区中没有玉米，教师就要从美工区找一张黄色的纸，卷成筒，当作玉米，从而帮助幼儿完成计划。

（二）关注与发现幼儿游戏过程中的典型行为

教师在撰写观察记录时需要遵循完整、有逻辑、有重点的记录要求，详细记录幼儿的典型行为，只有这样的观察记录才便于教师后续分析幼儿在某个区域的游戏

水平。例如，在记录建构区中的幼儿游戏时，教师一定要详细记录并突显幼儿的搭建行为和搭建过程。除此之外，幼儿之间的交往和幼儿的问题解决能力也应该得到教师的关注。

1. 关注幼儿在游戏时角色之间的交流与交往

幼儿在区域游戏活动中扮演着各种角色，这是幼儿已有生活经验的反映，同时也反映了人与人之间的社会关系。通过角色扮演，幼儿不仅可以了解不同角色的工作和社会职责，还能促进其社会交往能力及情感的发展。例如，在"快递"主题的游戏中，快递员需要和寄件人沟通物品的收货地址、收货人姓名、电话，以及快递价格、付款方式等。幼儿通过交流不仅了解了快递员的职责，也能体会到快递员工作的辛苦。

2. 关注幼儿的问题解决能力

教师在日常活动中，需要引导幼儿发展自己的问题解决能力。幼儿只有在区域游戏活动中发现问题，才能在不断解决问题的过程中发展出独立解决问题的能力。幼儿发现问题后，教师要引导幼儿用自己的办法去探索，尝试解决问题。例如，皮皮和辰辰在积木区合作搭建战斗机，他们先搭建好了战斗机的头部，然后把长积木架到战斗机的机身上搭好了机翼。在装饰战斗机机翼时，他们遇到了困难，辰辰先往一端放置了一块小的空心积木，在他去取积木要往另一端放的时候，已经放好

小餐厅的系列观察记录

的一端掉在了地上。辰辰对皮皮说："皮皮，你先帮我压着点。"然后，皮皮帮忙压着一端，辰辰也装饰好了另外一端。案例中的辰辰在发现搭建中的问题后，能通过寻求同伴的帮助来解决问题，可见，辰辰的问题解决能力在随着游戏内容的丰富不断得到发展。

（三）关注与判断游戏材料的适宜性

区域游戏活动是幼儿园教师引导并支持幼儿操作"有准备的材料"的个别探究活动。基于区域游戏活动的定义，教师在区域游戏活动中应重点关注游戏材料，以及幼儿操作游戏材料的过程。

1. 关注幼儿与游戏材料的互动情况

想要关注幼儿与游戏材料的互动，就需要教师做到以下两点：一是关注游戏材料是否适合幼儿的现有水平；二是关注幼儿操作材料的实际情况。

关注游戏材料是否适合幼儿的现有水平可以帮助教师观察自己投放的材料是否能支持幼儿获得进一步的发展。例如，教师在向图书区投放材料时，需要尊重幼儿的年龄特点，如果投放的材料与幼儿年龄特点不匹配，幼儿在翻阅图画书时就会有无所事事的表现。除此之外，教师在角色区中投放的代币也要符合幼儿的游戏水平，如果不符合，幼儿在游戏中就会出现因为找零而发生争执的现象。

关注幼儿操作材料的实际情况（幼儿在操作材料时的语言交流、面部神情）可以帮助教师判断区域游戏材料是否需要改进和丰富。幼儿的游戏材料应时常发生变化，教师只有关注到幼儿在游戏中的需要，才能支持幼儿发展。例如，在角色区的"照相馆"游戏中，教师根据对幼儿与材料互动的观察结果做出调整，最终实现了幼儿的进一步发展。具体来说，除了设计"拍照价目表"外，教师还采取了诸多措施，如为了避免材料的争抢和丰富拍照游戏情节，教师设计了拍照套餐（古风＋现代），引导幼儿先选择好拍照套餐再开始拍照。除此之外，教师还设计了取片凭证，提示幼儿根据凭证领取照片，并对摄影师的服务进行评价等游戏环节。

2. 判断游戏材料的适宜性

适宜的游戏材料在满足幼儿操作兴趣的同时，也能够对幼儿关键经验的发展起到支持作用，促进幼儿操作能力和学习品质的进一步发展。所以，适宜的游戏材料对幼儿的发展至关重要。

一是材料对幼儿游戏兴趣和关键经验的支持。教师在投放游戏材料时首先需要考虑幼儿的游戏兴趣，只有符合幼儿的游戏兴趣，他们才愿意走进区域，并选择该材料展开一定的探索。例如，中班教师在投放镜像拼图玩具一段时间后，发现操作该玩具的幼儿较少。经过观察，发现原来是幼儿在操作抽象图卡上存在困难。为了支持幼儿通过镜像感知整体与部分的关系，教师对该玩具进行了调整（增加了形象图卡）。经过教师的调整后，幼儿走进益智区开始了探索，悠悠就是其中之一。她看到教师提供的新形象图卡后，先拿着猴子抱桃的图卡摆在了镜子前，然后说："哈哈，有两个猴子啦！"之后，她又拿起了两只老鼠图卡摆在了镜子前，然后说："现在是四只老鼠啦。"她又说："我知道啦，是镜子的原因，这些东西经过镜子一照就会变多，两只老鼠一变就是四只。"就这样，其他幼儿也对该材料产生了兴趣，并展开了操作和探索。

二是材料对幼儿操作能力的支持。教师投放的材料还要考虑到幼儿不同的操作能力，只有符合幼儿操作能力的材料才能持续激发探索欲望，在持续探索中促进其专注、坚持等学习品质的发展。例如，小班在开展"糖果的秘密"主题活动时，教师发现幼儿对制作糖果感兴趣，为了满足幼儿的操作兴趣，发展幼儿的小肌肉动作，教师在美工区投放了包装糖果的游戏材料。活动区时间，东东选择了包装糖果的游戏材料。只见他将一颗由橡皮泥制作而成的椭圆形糖块放在长方形糖纸上，先用两只手的大拇指和食指将糖纸的两条长边捏在一起，然后一只手握着糖块，另一只手捏住包装纸的一端向前向后拧了起来。看到糖块没有被完全包住，东东把糖纸打开，再次尝试，直到把糖块都包住后，他才接着去包下一块。一块、两块、三块，东东包完了好几块糖。在这样的区域游戏活动中，教师提供的游戏材料符合幼儿的操作能力，满足了幼儿的操作兴趣，帮助幼儿实现了小肌肉动作的发展。

我来写一写

请想一想你在观察幼儿区域游戏时，通常会记录哪些内容？请在下方勾选出来。

> 观察时间　　　观察对象　　　　观察者　　　幼儿年龄
> 观察的内容　　　基于观察的分析　　　　提出教育策略
> 幼儿游戏的过程

我来练一练

结合你投放的区域游戏材料，撰写一份幼儿区域游戏活动观察记录。

第二节　设计并实施区域游戏活动中的观察与记录

我来写一写

请回顾近期的区域游戏活动观察记录，你使用了哪些观察记录方法？观察到哪些关键信息？完成表 3-8 的填写。

表 3-8　反思回顾表

观察记录方法		是否使用（画√表示）	观察到的关键信息
描述法	轶事记录法		
	持续记录法		
评定法	行为检核法		
	等级评定法		
抽样法	时间抽样法		
	事件抽样法		

一、骨干教师这样做

幼儿园区域游戏活动中的观察与记录方法有很多，每种方法具体应该如何使用呢？接下来，让我们一起学习骨干教师是如何在区域游戏活动中使用这些方法的。当然，这些案例并不是完美的，我们期待你在学习后有更多好的想法，并能够在自己的工作中科学合理地选用观察与记录方法。

（一）描述法观察记录样例

1. 轶事记录法案例详解

表 3-9 是骨干教师在区域游戏活动中为了解幼儿的积木搭建方法和材料使用情况，使用轶事记录法进行观察与记录的样例。

表 3-9　"一起来搭建滑梯"观察记录 [1]

观察日期：9 月 22 日	观察时间：10:15-10:40	观察班级：小三班	观察地点：建筑区
观察对象：希希	幼儿年龄：3 岁	幼儿性别：男	观察者：宋老师

---

[1]　案例作者：北京市朝阳区枣营幼儿园，宋慧杰。

续表

☑ 目的性观察 ☐ 随机观察	观察目的：了解幼儿的积木搭建方法和材料使用情况

观察实录：

希希在区域游戏时间来到建筑区。他径直走向积木柜拿取了一些长条积木，将其中一条积木横向贴在地面摆放，另外5条积木的其中一端纵向压在了地面的积木上。他指着地上的材料对我说："宋老师，你看，滑梯。"

随后他又取了两条短一些的积木，合并在一起做其中一个支点，另一边也是这种方法，然后用一个长条积木搭在那两个支点上。只听"哐啷"一声，积木倒塌了，希希说："大门没搭稳！"他将倒塌的积木收了起来，在之前搭建的"滑梯"较高的一端下面再垫一块积木，加大"滑梯"的坡度。接着，他使用同样的方法将高坡度的"滑梯"复制了一套在旁边。

希希取了些短条积木一层一层垒高，搭建在"滑梯"坡旁做"台阶"。他将3块彩色圆柱形积木垒高放置在"台阶"上，用三角形积木盖顶。

搭建结束时，希希介绍自己的作品："我搭的是滑梯，有台阶和烟囱。"

分析：

1. 希希使用了堆高、平铺、简单组合的搭建方法完成了自己的作品"滑梯"。

看似简单的堆高与平铺，实则具有一定的挑战性，他能够通过垫高底座的方式，加大滑梯的坡度，虽然可能是幼儿的无意行为，但是能够看出他通过改变搭建作品的局部结构，去改变搭建作品的整体形态。

2. 希希使用了木质积木和彩色泡沫积木两种材料。

3. 希希乐于参与积木游戏活动，游戏持续时间长，始终投入在自己作品的搭建中。

4. 希希在搭建过程中偶尔（前往积木柜取材料的间隙）会观察其他小朋友的作品，但未和其他小朋友产生语言互动，始终独自进行搭建游戏

措施：

1. 抓住幼儿的兴趣，在户外活动玩滑梯时引发其关注"台阶"的形态，鼓励希希再次尝试表现。

2. 幼儿之间可以一起探索搭建"台阶"的方法，引发相互学习和启发。

3. 创设"搭建方法图册"的提示环境，使幼儿了解更多的搭建方法

上述案例使用轶事记录法观察并记录了"希希搭建滑梯"的过程。在该记录中，我们能够清楚看到希希感兴趣的搭建主题是滑梯，了解了希希搭建行为发生的时间（区域游戏时间）、搭建环境和主要的搭建活动，同时还看到希希详细的搭建行为（从搭建开始，到发展，再到搭建结束），以及在这个过程中希希和教师的互动。

轶事记录法作为一种常用的观察记录方法，能够帮助教师完整记录幼儿的游戏过程，也能够让阅读者犹如身临游戏现场，这是其他的记录方法所不可比拟的。如何才能更好地发挥轶事记录法的优点呢？我们可以从以下几个方面着手：

- 观察幼儿游戏后及时记录，这样能够保证记录的真实性和游戏过程的还原度。
- 记录游戏行为发生的时间、环境背景，以及游戏行为发展、结束过程。
- 详细记录幼儿的行为、语言以及与其他互动者的交往行为。

2．持续记录法案例详解

表 3-10 是骨干教师在区域游戏活动中为了解幼儿在科学区中游戏猜想与验证的情况，使用持续记录法进行观察与记录的样例。

表 3-10　20 分钟持续的记录（摘录）：好玩的净水器 [①]

观察日期：2022.9.21	观察时间：9:03—9:23	观察班级：大二班
观察对象：点点	幼儿年龄：6 岁	幼儿性别：女
观察地点：科学区	观察者：张老师	观察目的：幼儿在科学区中游戏猜想与验证的情况
背景信息	集中观察	反思评论
净水器玩具投放到科学区已经两周了，班里一部分幼儿已经能对净水器玩具进行自主实验探究，独立完成实验并验证自己的猜想，还会在正确使用实验仪器的基础上运用美工区的材料创设新的游戏	上午 9:03，点点和子裕来到科学区继续用好玩的净水器做实验。当点点把实验仪器组装好后，子裕说："点点，今天咱们还要用净水器净化泥水吗？我已经知道净水器能把泥水过滤干净了。咱们过滤点别的东西吧？"点点听完子裕的话，想了一下说："美工区有用来画水粉画的水粉颜料，咱们把颜料放到水里，试试净水器能不能把水里的颜料过滤干净，你觉得怎么样？"子裕听了点点的提议，也觉得很有意思。然后两人分工一个人去拿水粉颜料，另一个人去盥洗室接水。 　上午 9:12，做好这些准备后，点点又拿来记录卡用红色的彩笔在记录卡的水滴上涂上颜色，然后对子裕说："我们先试试过滤有红色颜料的水吧。"两个人分工合作，子裕把颜料挤到水里搅拌好后，点点把红色的水倒进净水器里。	1. 点点了解并熟悉净水器中过滤材料的工作原理，熟悉净水器材料的安装步骤 　2. 点点具有一定的探究精神，愿意尝试针对同一材料的不同形式的探究，能够大胆提出自己的问题与猜想，并进行验证。点点将泥水换成带有颜色的水，通过改变实验素材创造出新的实验

---

① 案例作者：北京市朝阳区枣营幼儿园，张宏浩。

续表

背景信息	集中观察	反思评论
	上午 9:20,两人看着水慢慢过滤。红色的水从上到下逐渐通过大理石子、瓷沙、石英砂、活性炭等这些过滤材料,最终到达最下面的储水罐里。子裕看着储水罐里有淡淡红色的水对点点说:"点点,咱们这实验是成功了还是失败了?"点点看着储水罐里的水说:"我觉得算是成功了吧,因为一开始我猜净水器能把颜料过滤掉,虽然它没有完全把颜料都过滤干净,但是它还是有效果的,你看最后出来的水比一开始倒进去的水颜色浅了很多。" 上午 9:23,听了点点的描述,子裕也觉得有道理,最后用画笔在记录卡结果的成功一栏打上了√。 上午 9:24,持续记录结束	3. 点点能够冷静分析和对照自己的实验目的,从而得出结论并说服他人

　　上述案例使用持续记录法进行观察记录,过程中对点点的语言、动作等进行了全面、详细、客观的描述,帮助我们了解了点点在科学区使用净化器进行实验并猜想验证的全过程,能够清晰地看出点点具有较强的探究兴趣和探究愿望,能够大胆提出问题并进行猜想验证。

　　教师在使用持续记录法时应注意,要以非参与者的身份对观察对象的行为进行全面、详细地记录,比如关注观察对象的语言、表情、动作,事件发生的原因、经过、结果等,过程中要进行客观地描述。由于所需时间较长,教师在观察过程中可能因为其他因素干扰而不能坚持到底,也可能会因为长时间的非参与式观察影响到观察对象的正常游戏,这些都需要提前进行合理规划,在过程中有效进行规避。

(二)评定法观察记录

1. 行为检核法案例详解

　　表 3-11 是骨干教师在区域游戏活动中为了解幼儿社会性发展情况,使用行为检核法进行观察与记录的样例。

表 3-11　幼儿社会性发展观察记录 [①]

幼儿姓名：轩轩　　　　　幼儿性别：男　　　　年龄：4 岁 8 个月
观察时间：2022 年 10 月 25 日 8:30-9:10
观察地点：中一班·家庭区
观察者：杨老师

维度		是	否
是否有兄弟姐妹	哥哥		√
	弟弟		√
	姐姐		√
	妹妹		√
主要照料人	父亲	√	
	母亲	√	
	祖父母 / 外祖父母		√
	其他（如其他家庭成员、保姆）		√
1. 能旁观他人游戏		√	
2. 能操作玩具 / 材料，独自游戏		√	
3. 能操作玩具 / 材料，平行游戏			√
4. 能操作玩具 / 材料，合作游戏		√	
5. 能与其他幼儿交友		√	
6. 能用积极的方式介入他人游戏中		√	
积极介入他人游戏的方式	积极旁观他人游戏，了解他们正在玩什么	√	
	主动询问是否可以参与游戏	√	
	能以相同的游戏内容加入其中		√
	能以"推进游戏进行"方式加入其中（如递材料、提出想法等）	√	
7. 能用积极的方式在游戏中扮演自己的角色		√	
积极扮演自己的角色的方式	有语言交流	√	
	有眼神交流	√	
	认真倾听他人（如眼神专注）		√
	能对自己的观点、想法进行解释，便于他人理解	√	

---

① 李晓巍.幼儿行为观察与案例[M].上海：华东师范大学出版社，2017：125-135.选用时有改动。

续表

维度		是	否
8.能用积极的方式解决游戏中的问题（如冲突解决）		√	
积极解决问题的方式	忽视，略过		√
	转移注意（如转移话题）		√
	说明道理	√	
	商量，协商	√	
	合作	√	
	妥协，让步		√

分析评价

　　轩轩相较于旁观、独自游戏、平行游戏，已经能逐渐进入"参与他人游戏"阶段，即能较好地加入其他幼儿的小组游戏中，与同伴进行初步合作游戏。

　　当轩轩有意愿参与他人游戏时，首先选择旁观他人游戏，在了解同伴"正在玩什么"的同时，表现出强烈的兴趣和意愿，如在周围走动，近距离观察同伴的操作等。当同伴需要帮助或在轩轩看来有更好的游戏玩法时，轩轩会主动帮忙，比如帮助"医生"在"医疗包"中快速找到听诊器、注射器，帮助"护士"推来"医疗车"，还能帮助在积木区搭建坦克的同伴找到需要的或合适的积木，并在过程中表示"让我试一下""看这个（用这个不错）"。

　　轩轩在询问能否加入游戏并得到允许后，表现出积极情绪并快速加入同伴的游戏中。在游戏过程中，轩轩能保持良好的语言、眼神交流，乐于提出自己的想法，当同伴们不采纳自己的意见或没有听明白自己的想法时，轩轩会努力解释，有时还会结合材料一边比划操作一边语言说明，以实现让同伴听懂自己的想法。值得注意的是，轩轩与同伴交流时，多有打断对方、抢话的行为，希望对方"先听我说"意愿较强。

　　当同伴间有冲突时，如小组内游戏想法不一致，与其他小组就某一游戏材料发生争执，轩轩会采用说明、协商、合作的方式解决冲突，通常是双方都同意某一方式或都"退一步"，轩轩不会主动选择妥协让步。

　　综上所述，轩轩游戏社会性发展水平较高

支持建议

　　结合轩轩的家庭情况及日常行为表现，为支持轩轩进一步发展其社会性，可参考以下支持建议：

●　教师

　　基于充分观察，在引导幼儿游戏时融入社会性方面的内容，如同伴冲突解决、基本文明礼貌等；

　　分层次、有目的地投放游戏材料，使区域材料更加生活化、多样化，满足幼儿需求，并使游戏情节更加丰富、游戏性更强，满足不同游戏主题的需求，同时联通各个区域，为幼儿创设更多交流、互动的机会；

　　强化幼儿积极、正向行为，通过及时表扬，在集体面前认可轩轩的方式巩固其良好意识与行为；

　　结合语言领域，加强其良好倾听习惯的培养，有助于轩轩更好地与同伴交流，并为进一步提升合作能力做铺垫。

续表

支持建议
● 家庭
轩轩作为独生子，主要照料人为父母，教师可以通过家园沟通，加强家园合作，重视轩轩社会性发展的提高与完善。
1. 家园一致，积极认可幼儿的发展优势，同时正视其可进一步提升的空间；
2. 在日常生活中，营造平等、民主的家庭氛围，家庭成员互相倾听，彼此尊重，同时有意识地增进与同龄人交流、交往的机会，并增强家长的引导作用

　　上述案例使用行为检核法对幼儿社会性发展进行观察记录，观察目标明确。通过检核表，我们能够清晰地看出轩轩在家庭区中社会性发展的行为表现，能与同伴进行初步合作游戏，通过递材料等方式积极介入他人游戏，会采用说理、协商、合作的方式解决冲突等。

　　行为检核法能够帮助教师清晰地了解观察对象的行为是否发生，但是对于行为发生的背景和过程缺少详细记录，所以建议和其他方法搭配使用。除此之外，教师要对幼儿的行为进行客观地评定记录，以便了解幼儿真实的发展水平。

2. 等级评定法案例详解

　　表 3-12 是骨干教师在区域游戏活动中为了解幼儿建构游戏水平发展情况，使用等级评定法进行观察与记录的样例。

表 3-12　"一起来拼搭小花篮"观察记录 [①]

年龄班：中班	观察地点：建构区	观察人数：5 人
观察目的：幼儿建构游戏水平发展情况		
集中观察		反思评论
区域自选游戏时间到了，小朋友们陆续选择自己想玩的游戏材料。<u>不一会儿，琳琳小朋友向我走来：老师，你看我搭的小花篮好不好看。琳琳一边说着，一边开心地展示自己用雪花片拼出的漂亮作品。</u> 　老师说："这是你自己搭的吗？太棒了！"听到老师的赞扬，琳琳的脸上露出了笑容。老师问："小朋友们，你们看这个花篮漂亮吗？"话音刚落，泽泽和龙龙说："我也会拼，我也能拼出来。"天天说："我能拼出比这个花篮更大更难的大风车。"三四个小朋友都跃跃欲试。这时小禹把手举起来又放下来了，老师问小禹："你想试一试吗？"小禹说："我试试吧！"		1. 幼儿完成建构作品后，能主动展示和积极表达，教师借机引导其他幼儿展开探索，激发幼儿游戏兴趣。（建构水平的发展处于三级水平）

---

① 案例作者：天津市和平区第十六幼儿园，李亚菲、董赛星。

续表

集中观察	反思评论
于是，老师将这几位小朋友组成一组，拿出两大篮雪花片准备让几位小朋友践行刚才自己的"诺言"。 　　龙龙和天天拿了一些雪花片放在自己面前。<u>小禹面前的雪花片已经多得盛不下了，依然从玩具篮里拿取，泽泽、琳琳小朋友说："小禹，你拿太多了，我都不用够了。"小禹看了看，主动分出一些雪花片给两位小朋友。</u> 　　龙龙在观察了琳琳搭的小花篮之后，便开始拼插，左手拿出一片雪花片后，右手拿着雪花片依次对应左手雪花片的每一个齿口处，依次插入 6 片雪花片，一个小花蕊就出来了。 　　泽泽看了看琳琳的小花篮，决定先拼插小花篮的提手。本想做个半圆形的提手，不知不觉中做成了长长的"天鹅颈"，泽泽始终拼不出左右对称的半圆。 　　<u>小禹看着小花篮，瞧瞧龙龙的小花蕊，又看看泽泽的提手拼插，决定先拼插提手。</u>雪花片被拼插得七拐八扭。与花篮提手比对后，小禹开始调整。雪花片有六个齿口，每一个齿口的拼插都会有不同的走向，想拼成"一字"拼插，就只有一个正确的齿口，这需要进行尝试与探索。 　　<u>"哎呀，这个怎么就拼不出来呢？"泽泽有点生气地说。</u> 　　<u>"怎么了泽泽？"琳琳问道。</u> 　　<u>"你看，我怎么就拼不出来你拼的这样呢？"</u> 　　<u>"我教你，你看我怎么拼的。"琳琳一边拼着一边解说，"你这样，这样，再这样，这不就拼出来了嘛。"泽泽一边看一边拼："还真拼出来了，琳琳，咱们一起拼吧。"琳琳欣然同意。</u> 　　泽泽和琳琳合作之后，小花篮也顺利完成了，而且泽泽在这个基础上还给小花篮增添了几件装饰，小花篮焕然一新了。 　　天天拿着雪花片一片片拼插，不一会儿，两个一模一样的长方形就拼出来了，越拼越快。 　　一会儿工夫，龙龙说："老师，我搭完了，而且我这个小花篮的颜色更好看！"龙龙高兴地把花篮举得高高的。 　　<u>天天的小风车制作完成，立刻吸引了许多小朋友的目光，小朋友纷纷夸赞他真厉害，也有小朋友问他怎么搭出来的，天天高兴地跟小朋友们分享着自己的方法。</u> 　　<u>小禹的调整还没有完成，只见小禹双眼趴在右手臂上，小身体微微抽动着。</u>	2.游戏过程中，幼儿在与同伴的交流中达到了去自我为中心，自然习得分享游戏材料的好习惯。（同伴交往处于二级水平） 　　3.幼儿参照同伴的建构作品，自主尝试搭建。（建构水平的发展处于二级水平） 　　4.在游戏中，建构水平较高的幼儿能主动帮助其他幼儿完成搭建，幼儿间互相交流与合同，在同伴学习中提高建构水平。（同伴交往处于　三级水平） 　　5.幼儿能熟练地运用游戏材料，根据自己的想法和经验，探索小风车的搭法，完成后向大家分享和展示。（建构材料的运用处于三级水平） 　　6.部分幼儿对材料的结构和玩法不熟悉，有待进一步帮助和引导。（建构材料的运用处于一级水平）

续表

建构游戏等级评定		
维度	典型行为	水平（数字越大水平越高）
建构水平的发展	重复先前游戏搭建经验	一级
	按图示搭建	二级
	根据自己的想法创造性搭建	三级
建构材料的运用	对材料结构与玩法不熟悉	一级
	了解玩具的搭法、玩法，自主探究能力有待提高	二级
	能熟练运用材料开展游戏，并结合自己的想法，进行自主探究	三级
同伴交往	独自游戏	一级
	有共同游戏的意愿	二级
	喜欢与小伙伴合作、交流	三级

上述案例中的教师使用等级评定法进行观察记录，对幼儿的建构游戏水平等级进行评定，能够看出 5 名幼儿在"建构水平的发展""建构材料的运用""同伴交往"三个维度的不同表现。

等级评定法方便教师分析使用，但是在评定过程中需要注意以下几点：第一，评定表的制定应科学、合理，语句尽量简短明了；第二，使用等级评定法对幼儿行为进行评定前，教师需要对评价表有深入地理解，以便在过程中更好地进行观察评定；第三，对观察对象的表现等级评价一般会由观察者的主观评价得出，所以结果常带有一定的主观性，为了使评定结果更准确，可以由 2～3 名教师共同评定。

（三）抽样法观察记录

1. 时间抽样法案例详解

表 3-13 是骨干教师在区域游戏活动中为了解幼儿合作行为发展情况，使用时间抽样法进行观察与记录的样例。

表 3-13 "一起搭建绳结积木"观察记录 [①]

观察日期：2022 年 10 月 12 日	开始时间：上午 9 点 结束时间：上午 10 点	
成人数量：1 人	幼儿数量：2 人	
幼儿姓名：楚楚 　　　　　小杰	年龄：5 岁 3 个月 　　　　5 岁 7 个月	
目的：观察并记录两名幼儿利用绳结积木搭建作品时的合作行为		
环境：摆放有绳结积木的搭建区。楚楚和小杰面对搭建区并排站立。一名成人在他们的右侧 　　　站立观察		

时　间	活　动	合作行为是否发生
9:00-9:10	楚楚拿着计划本与小杰商量要搭建什么作品，小杰说："我喜欢帐篷。"楚楚："那好啊，咱们可以试试。"小杰拿着图卡与楚楚讨论搭建帐篷需要的材料。小杰："你看，要用不同颜色的绳结积木。"楚楚："嗯，这个帐篷和咱们画的不太一样，图卡上的帐篷是立体的。"小杰："咱们照着图卡试一试。"	商量搭建计划；出现搭建困难，幼儿合作解决
9:15-9:25	小杰把两根黄色的绳结积木进行连接，楚楚拿着图卡提醒小杰要做的是帐篷的底部。小杰拿着两根并排的绳结积木，楚楚用一个皮筋扣进行连接和捆绑，楚楚使出了自己最大的力气，嘴巴都在跟着用劲，但是还是没有成功。	一名幼儿搭建，一名幼儿照着图卡提示
9:30-9:40	潼潼帮两人拿着两根并排的绳结积木，楚楚和小杰两人一起拉着皮筋扣，终于将其连接起来了，很稳固。潼潼："你们两个可以试试多拿几个皮筋扣。"楚楚将搭好的帐篷放到旁边，并轻轻地摇了摇帐篷，帐篷不动，比较牢固。（我观察到帐篷的中部支撑使用了三个连在一起的皮筋扣）	两名幼儿合作拉皮筋扣
9:45-10:00	小杰问我："老师，我们的作品想给其他小朋友介绍一下。"我点头答应。楚楚给小朋友再现了搭建帐篷时使劲拉皮筋扣的样子，逗得其他孩子哈哈大笑。小杰介绍了搭建帐篷时的注意事项，其他小朋友纷纷给他们鼓掌	两人分工介绍搭建过程

| 结论：
　区域活动开始后，小杰和楚楚进入建构区，通过协商和计划之后，两人开始使用绳结积木搭建帐篷。看图卡是两人要攻克的第一个难关，但并没有难住楚楚，很快两人就能够搭建起帐篷底部，并在合作中搭建了立体帐篷。两人遇到的难点是两根并排的绳结积木不容易捆绑和连接，因为年龄小，力气不够，两人并没有气馁，而是请同伴帮忙，两人共同用力将其固定，同伴还提出了新的方法和建议供两人参考。最终，两人通过合作搭建成功，并向其他小朋友分享了自己的经验和趣事 | | |

---

① 案例作者：山西省晋城市城区健康幼儿园，左俊祥。

续表

评价：
《指南》中提出，幼儿在"活动时能与同伴分工合作，遇到困难一起克服，发生冲突时自己协商解决"。而搭建游戏不仅能让幼儿实现自由自主游戏，身心得到发展，更能让幼儿在自主的协商交流中增强合作意识。随着年龄的增长，尤其进入大班以后，幼儿的合作能力初步显现，并逐步发展。活动中的小杰和楚楚喜欢搭建活动，愿意在合作中完成作品，从协商搭建的目的与计划，到共同讨论、借鉴图卡，再到共同攻克难题，最终向小朋友展示分享了作品和经验，整个过程有共识、有交流、有合作、有思考，两人体验到合作和成功的喜悦。两人还寻求同伴的帮助，积极主动解决问题，幼儿的合作能力得到进一步提升。教师要积极肯定幼儿的合作能力，并尝试让幼儿指出哪些属于合作行为，教师指导幼儿如何达成合作，提升合作能力，让团队意识、合作意识不断深入幼儿的内心

建议：
除了绳结积木，教师可以为幼儿提供更多的材料让幼儿进行游戏，如帆布、彩灯装饰物等让幼儿进行拓展，或者鼓励幼儿自行寻找更多的材料，方便完成和延伸自主搭建的目标，解决实际问题

上述案例使用时间取样法记录了小杰和楚楚两人在约一个小时的绳结积木搭建活动中出现的合作行为。通过教师的记录，我们能够总结出两人在这个时间段内是否出现合作及其出现的次数，以便分析总结两人的合作发展水平。

时间取样法能够帮助教师更快了解某一幼儿外显行为出现的次数及频率。在使用时间取样法进行观察记录时，教师需要注意：（1）确定该行为在观察幼儿身上会经常出现；（2）观察的行为是外显行为；（3）提前确定观察时距、时距的间隔、时距的数目和具体观察行为。

2. 事件抽样法案例详解

表 3-14 是骨干教师在区域游戏活动中为了解幼儿在益智区自主活动中的探索学习行为，使用事件抽样法进行观察与记录的样例。

表 3-14　"磁铁的秘密"观察记录[①]

幼儿数目：2 人
幼儿姓名：小宝、小刘
幼儿年龄：6 岁
观察目的：幼儿在益智区自主活动中的探索学习行为
行为发生背景：区域活动时间，幼儿自主选择心仪的区域和操作材料开始了活动，小宝和小刘选择了益智区，并且共同选择了益智区的磁铁材料

---

① 案例作者：陕西省西安市第八保育院，田少峰。

续表

时间	行为事件	结果	幼儿说了什么	探索行为	分析
10:05	手拿几块各种形状、大小的磁铁在两两试着接触吸引	磁铁两两能相互吸在一起	这是磁铁，能吸住所有的铁的东西	感知磁铁相互吸引的特性	小宝与小刘的行为表现，与《指南》中"能经常动手动脑寻找问题的答案""探究中与他人合作与交流"等目标十分契合。其动手探索和发现的能力相对于小班和中班有了很大提升，因此幼儿的探索和操作欲望会更显得强烈，并且大班幼儿对操作性较强的实验（如磁铁、电路、颜色溶解等）具有十分浓厚的兴趣
10:09	拿着磁铁走进小餐厅区域，将磁铁靠近小餐厅的栏杆上	磁铁吸在栏杆上	吸住了，在栏杆上能吸住	尝试磁铁是否能吸住窗户旁的栏杆	小宝与小刘的行为表现，与《指南》中"能经常动手动脑寻找问题的答案""探究中与他人合作与交流"等目标十分契合。其动手探索和发现的能力相对于小班和中班有了很大提升，因此幼儿的探索和操作欲望会更显得强烈，并且大班幼儿对操作性较强的实验（如磁铁、电路、颜色溶解等）具有十分浓厚的兴趣
10:11	拿着磁铁走到美工区，在美工材料上一个挨着一个吸一吸	毛球球、纽扣、纸上都没吸住	这些都不是铁的	尝试磁铁能否吸引美工材料	
10:12	用磁铁靠近美工区的一个线圈画本	磁铁把画本吸起来了	画本上的这个是铁的	尝试磁铁能否吸住画本上的线圈	
10:15	拿着磁铁走到集体活动区的钢琴旁边，在钢琴上的各处吸一吸	只吸住了钢琴的轮子	钢琴下的轮子可以吸住	探索磁铁能不能吸在钢琴上	
10:18	拿着磁铁走到水杯架旁边	磁铁吸住了水杯	水杯应该吸不住，它是钢的；吸住了，水杯不是钢的是铁的	探索磁铁能不能吸住水杯。尝试前认为吸不住水杯，结果吸住了。	

上述案例使用事件抽样法记录了中班幼儿在班级内探索磁铁性质的过程。通过教师的记录，我们能够看出幼儿在游戏时间内，一共出现了 6 次探索磁铁性质的行为，探索的范围由活动区域逐渐扩充到班级的其他生活区，这说明幼儿的探究在不断深入。

事件抽样法能够帮助教师更快收集到信息，进而了解幼儿在某一方面的发展现状。要想更好发挥事件抽样法的优势，教师需要做到：

● 提前设计思考观察的要点，便于精准取样需要观察的事件；

● 为了提高现场记录的效率，对幼儿可能出现的行为提前进行编码；

● 在记录好事件后，一定要结合游戏场景去分析，只有这样分析的结果才能更有说服力。

二、新手教师来实操

在学习与讨论了各种观察与记录方法的案例后，相信你已经对区域游戏活动中的观察与记录有了更深刻的认识。接下来请按照提示和要求，填写任务单。

（一）讲故事

实践内容：请你回顾自己的观察记录，你是如何记录的？你在进行幼儿操作材料的记录时有哪些思考？请你向同组教师讲述一个典型的、优秀的观察记录。

实践步骤：

1. 你可以和你的同事讲，也可以和你一起参与培训的小组成员讲。

2. 案例应描述观察背景、观察目的、观察基本信息（时间、地点、人物）、观察内容，客观描述幼儿在游戏中都有哪些表现。

任务单 S3.1.1
区域游戏活动观察记录分享
观察背景及基本信息（交代年龄班、时间、地点、幼儿已有经验等）： 观察目的（交代为什么要观察）： 观察内容（幼儿游戏表现和过程）   讲述人： 讲述时间：

3. 在相互讲述的过程中，请你总结出同伴有哪些好的观察记录的思路，你可以怎样借鉴。

任务单 S3.1.2
1.
2.
3.

4. 举例说明你在观察中理解和支持不足的地方，然后说一说你想重点改进的三个方面。

任务单 S3.1.3
简要描述不足：
我的思考与改进： 1. 2. 3.

（二）案例分析

案例名称： 遇见飞叠杯[①]

观察背景： 在幼小衔接活动中，关注幼儿的心理、情绪和良好的学习习惯比知识的习得和技能的养成更为重要。教师应激发幼儿的学习兴趣，培养幼儿良好的学习品质，以适应入学后不同学科知识技能的学习，更加主动、持久、投入地学习，帮助幼儿对未来小学的学习内容产生兴趣，为更好地适应小学的学习生活奠定良好的基础。

大班开学以来，班里开展的各种活动也在有意识地培养幼儿的学习品质。在"我来分享"活动中，贝贝带来的飞叠杯激发了全班幼儿的兴趣与探究欲望，于是开启了关于飞叠杯的搭建游戏。

观察实录：

1. 一起来玩飞叠杯

"嘉嘉，我们一起来玩飞叠杯吧。"乐乐拿着飞叠杯对嘉嘉说。"好，我们俩来

---

① 案例作者：北京市海淀区北部新区实验幼儿园，宋晓双。

比赛，看看谁搭得高！"两个小伙伴一拍即合。比赛开始，嘉嘉将杯口朝下一一摆放，当抬起头看到乐乐已经在搭第三层时，她也加快了速度。很快她就遇到了一个问题："老师，我的飞叠杯已经搭得很高了，可是我想让作品更高，怎么办呢？"我看了看一旁游戏的乐乐，她正小心翼翼地改变飞叠杯的搭建方式，解决了刚刚嘉嘉提出的问题。我对嘉嘉微微一笑，用手指在头上做了一个想一想的动作。她看了看我，又转头看到乐乐搭建的似乎有些不太寻常，"哦！我知道了。"她模仿着乐乐的搭建方法，将飞叠杯反向摆放（用杯口对杯口，杯底对杯底）。在游戏过程中，两个幼儿一边点数各自搭建的层数比高低，一边相互鼓励。游戏带给孩子的不仅仅是模仿，更是自主地观察学习。

教师思考：当幼儿在游戏中遇到问题找教师"求助"时，教师该怎样介入？

（1）直接告知解决方法——教师将自己的生活经验直接告知幼儿，全程简单、快捷，游戏顺利进行到结束，游戏结果呈现出成人想要的结果，但幼儿在过程中缺乏思考、体验、学习的机会，按部就班执行教师的想法，日后遇到同样的问题依旧会找成人帮忙。

（2）间接引导分析思考——教师为其创设更多自主学习的空间与机会，过程中倾听幼儿的表达，关注行为背后的原因，幼儿遇到同样问题时，因为存在个体差异，表现各不相同。教师采用开放式的问题引导，及时给予积极鼓励，促进幼儿在思考、尝试解决问题的过程中不断积累经验，在游戏中逐步养成主动学习、思考的学习品质。

2. 飞叠杯太高啦

在区域游戏活动中，可可选择了飞叠杯游戏，最初她只是蹲在地板上垒高飞叠杯，随着飞叠杯越搭越高，她从蹲着玩到站起身搭建。慢慢地，飞叠杯越搭越高，她够不到最上层的杯子了，没办法继续游戏，来到我身边拉着我的手说："宋老师，飞叠杯太高了，我够不着，您能帮帮我吗？"我说："有什么办法可以让你变高呢？"她说："可以踩着椅子。"我说："试试看。"她搬来小椅子继续尝试搭建（图 3-1），但是慢慢地，踩着椅子也无法够到最上层的飞叠杯了。她再次找到我："飞叠杯又超过我，比我高了，我想踩在桌子上搭飞叠杯，因为桌子比椅子高。"我点点头，示意她去尝试（图 3-2）。不一会儿，她又够不到了，这次她没有直接找我，而是将椅子放在桌子上，然后尝试站在椅子上继续游戏。搭完手中的飞叠杯，她从椅子上下到桌子上，然后取飞叠杯再次爬到桌子上、椅子上。虽然有些辛苦，但仍然乐此不疲地游戏着。宇腾看到可可一会儿上桌子，一会儿下椅子，主动走过来问："我可以和你一起玩吗？我来帮你拿，你来搭，这样速度更快。"可可点点头，同意了他的提议。于是，同伴合作搭飞叠杯游戏拉开了序幕。

图 3-1   尝试搭建（一）   图 3-2   尝试搭建（二）

教师思考： 教师可以通过开放问题引导幼儿在游戏中主动思考，支持幼儿在游戏中大胆尝试。当幼儿在游戏中遇到问题（飞叠杯作品高于自身）时，教师的引导除了将自身变高以外，还可以通过开放的问题鼓励幼儿多思考、迁移生活经验等，而不局限于一种解决方法。区域游戏活动应重在培养幼儿游戏中学会主动思考，尝试不同的方法解决问题，逐步养成独立思考、不怕失败的学习品质。

教师还可以为幼儿创设安全、信任的游戏空间，支持幼儿有挑战的游戏内容。游戏中幼儿已不再满足于地面搭建，想脱离地面站在更高的地方操作，作为教师，保护孩子的安全是至关重要的。正因为有了教师的保护，幼儿在踩上椅子、桌子进行游戏时才不会担心，甚至敢于挑战踩在桌椅组合上完成搭建作品，获得成就感。

3. 搭到房顶一样高（从失败到成功）

飞叠杯搭建游戏已经开展三周之久了。在今天的游戏中，我听到浩浩和嘉嘉的对话。"今天我们来试试飞叠杯能不能搭到房顶！""啊？房顶？那可太难了，每天都是搭到一半就倒，搭到房顶不可能吧！""不试试怎么知道不行呢？"两位小朋友兴高采烈地行动起来，不一会儿，飞叠杯的高度就超乎了他们的想象。就在他们合作抬第二张桌子准备站在桌子上继续往高处搭时，浩浩不小心碰到飞叠杯，飞叠杯"哗啦"一下子全部倒塌了，其他幼儿被倒塌声吸引过来，所有的目光都聚集在浩浩身上。他不知所措地看向我，我鼓励他："没关系，飞叠杯在向我们发起挑战呢！想一想为什么飞叠杯会倒塌呢？"浩浩说："因为桌子离飞叠杯太近了，应该有一点距离，这样就不会碰倒啦！"我说："怎样确定桌子与飞叠杯之间的距离呢？"他说："只要我站在上面能够到飞叠杯，别太远就行了。"我说："试试吧。"一开始，孩子们只是将桌子搬过来，摆放在距离飞叠杯很近的地方（幼儿的生活经验是：离远了够不到，没办法搭建），但实际游戏中却发现：距离太近时，负责搭的小朋友很容易将作品碰倒。经过几次调整后，嘉嘉发现桌子与飞叠杯之间留一臂距离就刚好合适（图 3-3）。

浩浩说："我站在最高处搭，因为我高。宇腾，你负责在桌子上把飞叠杯递给我。柔柔，你在下面往上传，就像传送带一样。"柔柔说："好！我站在这儿，一边传给你杯子，一边还能提醒其他小朋友从这路过时小心点，别碰倒飞叠杯。"宇腾说："没问题，队长！保证完成任务！"

孩子们在游戏中各自完成不同的任务内容，参与游戏的小伙伴分工不同：在地面的小朋友要负责点数数量合适、颜色相同的飞叠杯；中间的小朋友负责传递，同时提醒班级其他正在游戏的同伴注意安全距离；站在桌子上的小朋友要负责转身接、递，而且不能一下子都传递给负责搭建的小朋友；负责搭建的小朋友要用一只手搭，一只手调整摆放不正的飞叠杯（图 3-4）。

在大家共同的期待下，飞叠杯终于搭到接近房顶了！孩子们成功了！

"宋老师，快看！我们成功啦！"孩子们欢呼雀跃，迫不及待地与我分享他们来之不易的成功与喜悦！

"哇！你们真是太能干了！虽然开始桌子与飞叠杯的距离不合适，但经过反复尝试，同伴合作，依然可以取得成功！太厉害了！"我边鼓掌边向他们竖起大拇指点赞。

"宋老师，一会儿活动区结束，我们的作品能不能不收？这可是我们好不容易才成功的。"

"午睡怎么办？不收的话我们的床摆不下。"

和孩子们商量后我们决定：教学活动时孩子们将椅子靠后摆放；排队时，悦悦提出可以到楼道里进行；午睡环节，孩子们都想出将建筑区的作品收一收，也要保留住飞叠杯作品；班级内偶尔有风吹进来，浩浩说："老师，快把窗户关上吧，我们的飞叠杯怕风。"

图 3-3 尝试搭建（三） 图 3-4 尝试搭建（四）

教师思考：幼儿在分工合作中体验责任感，表现出为共同目标而努力的专注。在游戏过程中，孩子们主动、积极参与搭建，眼神中满是飞叠杯，兴趣浓厚，目的明确，从一开始的不自信，不相信飞叠杯能搭到房顶，在尝试过程中发现问题，不断调整，讨论分工，合作游戏，全程没有一人放弃，参与者越来越多。

幼儿在游戏中感受挫败却不畏惧挫折。我发现孩子们的心理承受能力比我想象的还要强大，有时候我会因为马上成功而看到散落一地的飞叠杯感到有些可惜，但孩子们却说："没关系，我们再来一次，刚好可以调整一下颜色、位置。""我妈妈说过，失败是成功之母。"

多人合作的搭建过程，培养了幼儿的团队意识、协商和合作能力，历练了他们不畏困难、相互包容、相互鼓励的品质。

4. 当飞叠杯遇上五彩城

一段时间后，班级中的幼儿已不再满足于搭高，即使到房顶，游戏兴致也略有下降，我正思考着怎样再次激发孩子们对飞叠杯的兴趣，无独有偶听到孩子们间的聊天。

"齐齐，我昨天和妈妈去五彩城玩了，里面可好玩了。"

"可以用飞叠杯在我们班搭建一座五彩城吗？"我提议。孩子们感到惊讶，我鼓励他们尝试挑战："用飞叠杯来搭建五彩城，不试试怎么知道不行呢！"

于是，五彩城工程搭建开始啦！"我搭的是小五彩城，你搭的是大五彩城！我们都在五彩城里工作，还可以一边工作，一边聊天！"

"嗯？阳阳，你怎么进到五彩城的里面去搭建了？"我不解地问。

"因为我觉得这样搭速度更快！我在里面搭，屯屯在外面搭，我们合作！"

"这种做法真有创意！你觉得在里面搭方便吗？"

"现在是挺方便的！但是我不知道一会怎么出去？"

"这个问题怎么解决呢？"

"做扇门就可以出去了。""你能想到做扇门来解决这个问题，是个爱思考的人！等门做好了，别忘了叫我欣赏一下。"孩子们兴奋地投入到里应外合的搭建模式中。不大一会儿，齐齐难掩心中惊喜，跑到我身边，指着作品兴奋地说："老师快看！我们要成功啦！我们班的五彩城马上就要和房顶一样高了！"

之后的一段时间，孩子们又利用飞叠杯搭的城堡当背景进行了情境表演、故事表演、角色扮演等更多的游戏（图3-5、图3-6）。

图3-5 情境表演　　　　图3-6 角色扮演

教师思考： 在游戏中教师要激发幼儿的新兴趣，创造游戏新章程篇章。教师要善于倾听、挖掘幼儿在生活中有价值的"聊天"，激发他们勇于尝试有一定难度的游戏，鼓励他们用感兴趣的材料大胆探索实践，对新游戏产生强烈的好奇心和探究欲，并通过付诸行动获得成就感，增强幼儿在游戏中的持续与深入。

教师要善于发现和接纳幼儿的想法。当幼儿出现"与众不同"的玩法（里外合作搭建）时，教师应给予肯定，接纳幼儿不同于寻常的做法，并引导幼儿思考问题的解决办法，结合幼儿的想法给予恰当的指导，重在培养幼儿乐于创新、解决问题的能力。

活动反思： 当幼儿对飞叠杯游戏兴趣浓厚时，我及时给予充足的时间、空间探究，尊重幼儿的好奇心。当幼儿在模仿学习的过程中遇到困难时，我不急于给予直接回答，而是倾听幼儿的表达，给予启发式的提问，鼓励幼儿主动思考，提升幼儿解决问题的能力，不断激发幼儿对飞叠杯游戏更多的好奇心、主动探究的欲望，鼓励幼儿尝试有挑战的游戏内容，并给予足够的安全保护。在幼儿挑战失败时，我及时关注幼儿情绪的变化；在幼儿挑战成功时，我及时给予幼儿回应，做幼儿游戏中有力的支持者。

飞叠杯从地面搭建到房顶，越来越高，幼儿的学习也越来越主动、越来越深入。幼儿在游戏中彰显了学习与合作的力量，成为学习兴趣浓、习惯好、能力强的主动学习者。

根据你的实践积累，在阅读完上述案例后，你有哪些启示与改进建议呢？

任务单 S3.2.1
启示：
改进建议：

我来写一写

请回顾近期的区域游戏活动观察记录，你都使用了哪些观察记录方法？观察到了哪些关键信息呢？完成表 3-15 的填写。

表 3-15　反思回顾表

观察记录方法		是否使用（画√表示）	观察到的关键信息
描述法	轶事记录法		
	持续记录法		
评定法	行为检核法		
	等级评定法		
抽样法	时间抽样法		
	事件抽样法		

我来练一练

结合班级的区域游戏活动，请你任选一种观察记录方式，撰写一份幼儿区域游戏的观察记录。

第三节　反思自身是否能够对区域游戏活动进行观察与记录

我来写一写

1. 在学习本章后，你最常用的区域游戏活动观察记录方法是哪个呢？请勾选并简单写明理由。

□ 轶事记录法　　　我的理由是：

□ 持续记录法　　　我的理由是：

□ 行为检核法　　　我的理由是：

□ 等级评定法　　　我的理由是：

□ 时间抽样法　　　我的理由是：

□ 事件抽样法　　　我的理由是：

2. 在区域游戏活动中，你认为有效的观察是如何帮助自己工作的呢？

在观察幼儿方面	
在理解幼儿方面	
在支持幼儿方面	

一、反思自身是否理解区域游戏活动观察与记录

在学习了本章内容后，请以小组为单位或与你身边一同学习的伙伴围绕以下要点展开讨论并进行记录。

任务单 F3.1.1	
讨论要点	反思记录
关于区域游戏活动的观察记录，你印象最深的三点是什么？	
关于如何进行观察记录工具设计，你印象最深的三点是什么？	
关于如何撰写观察记录，你印象最深的是什么？	
请举例说明，你是如何进行区域游戏材料的幼儿操作观察记录的？	

二、反思自身是否胜任区域游戏活动观察与记录

在学习了本章内容后，请以小组为单位或与你身边一同学习的伙伴围绕以下要点展开讨论并进行记录。

任务单 F3.2.1	
讨论要点	反思记录
你觉得区域游戏活动的观察记录要关注哪些方面？请写出三点	
你认为区域游戏活动观察记录有哪些好的办法？请至少写出三个	
请结合案例说一说，你是怎样做区域游戏活动观察记录的？	
除了上述设计要点，你还能补充哪些注意事项？	

我来写一写

1. 在学习本章后，你最常用的区域游戏活动观察记录方法是哪个呢？请勾选并简单写明理由。

☐ 轶事记录法　　我的理由是：

☐ 持续记录法　　我的理由是：

☐ 行为检核法　　我的理由是：

☐ 等级评定法　　我的理由是：

☐ 时间抽样法　　我的理由是：

☐ 事件抽样法　　我的理由是：

2. 在区域游戏活动中，你认为有效的观察是如何帮助自己工作的呢？

在观察幼儿方面	
在理解幼儿方面	
在支持幼儿方面	

我来练一练

请你尝试使用时间抽样法或事件抽样法，进行一次幼儿区域游戏活动的观察与记录。在完成观察与记录后，请与师傅或同事分享此次观察与记录的三点感受。

ⅠⅠ【我走到了这里】

亲爱的老师，我们要结束本章的学习了。请你思考以下问题，在表3-16中最符合自己情况的方框内画√，据此了解自己的学习效果。

表3-16　教师自评表

项目	我走到了这里			
	一级水平	二级水平	三级水平	四级水平
1. 关于幼儿园区域游戏活动的观察	□我不知道幼儿区域游戏活动需要教师进行观察	□我知道应该观察幼儿区域游戏的状态，但是不知道该如何观察	□我能够在区域游戏活动时间专心观察幼儿的游戏过程，并发现幼儿的需要	□我能够在区域游戏活动时间做一名观察者、陪伴者、支持者，及时发现幼儿的游戏需要，捕捉幼儿的闪光点
2. 关于幼儿园区域游戏活动的观察记录与分析	□我认为幼儿区域游戏活动不用记录，也不用分析幼儿的游戏	□我知道应该观察并记录幼儿区域游戏的状态，但是不知道该如何记录与分析	□我能够在区域游戏活动时间观察并记录幼儿的游戏过程，根据《指南》对幼儿游戏行为进行分析	□我能够在区域游戏活动时间观察并记录幼儿的"哇时刻"，能够结合幼儿游戏内容分析其游戏过程和最近发展区

- ◇【 拓 展 阅 读 】◇ - - - - - - - - - - - - - - - -

[1]玛丽昂，等.观察：读懂与回应儿童[M].刘昊，张娜，罗丽，等译.北京：中国轻工业出版社，2021.

该书介绍了幼儿观察记录的常用办法。首先，该书介绍了观察的具体方法与形式；其次，该书介绍了观察的内容与要点。该书符合我国幼儿园教师的工作需要，分享了观察记录的价值、功能、写法和注意事项，对于幼儿园新入职教师具有指导性，可以作为一本知识学习的教材，也可以作为指导观察的工具书。

[2]潘月娟.学前儿童观察与评价[M].北京：北京师范大学出版社，2015.

幼儿园教师应能够通过观察与评价来倾听儿童并读懂儿童。但是，观察评价什么、如何观察评价等却是当前许多幼儿园教师普遍感到困惑的问题。该书前三章解释了什么是观察评价、为什么进行观察评价以及如何进行观察评价等基本问题。后五章按发展领域分别讨论了在观察评价学前儿童的身体运动、语言、社会性、认知、游戏等方面的发展时，教师应该评什么和如何评的问题。这本书的实操性和指导性较强，幼儿园新入职教师可以参考借鉴。

如何在区域游戏活动中支持幼儿的学习过程

第四章

学习目标

学习本章内容后，你将能够更好地：

1. 了解幼儿在区域游戏活动中的学习过程。

2. 支持幼儿在区域游戏活动中的学习。

3. 发现幼儿在区域游戏活动中的闪光点，并给予及时的肯定和激励。

【想一想】

在区域游戏活动时间，嘟嘟在玩地球仪主题的游戏材料时，把材料全都倒在桌子上，然后不知道该如何操作。嘟嘟请来了田老师："老师，这个怎么玩？"田老师说："这个是地球仪，可以看到全世界的国家，你想不想了解一下？"嘟嘟说："想呀，怎么玩呢？"田老师给嘟嘟做示范："你看这个粉色拼图块对应着地球仪上的粉色底色，这样按下去就拼好啦。"嘟嘟说："哦！我会啦！"随后，嘟嘟根据颜色和轮廓寻找着其他拼图块的相应位置。

请你基于上述案例思考以下两个问题：

（1）在上述案例中，田老师支持了幼儿的学习过程吗？请具体说明。

（2）田老师是如何支持幼儿的学习过程的？请列点说明。

‖【我从这里出发】

亲爱的老师，我们即将开启本章的学习。在学习本章内容之前，请你先思考以下问题，并在表 4-1 中最符合自己情况的方框内画√，据此了解自己将从哪里出发。

表 4-1　教师自评表

项目	我现在在这里			
	一级水平	二级水平	三级水平	四级水平
关于幼儿园区域游戏活动的支持	□我通常不对幼儿区域游戏活动进行指导，也不会支持幼儿的区域游戏活动	□我知道应该支持幼儿区域游戏活动，一般凭个人经验指导幼儿的游戏活动	□我能够在区域游戏活动使用简单的策略支持幼儿的游戏	□我能够在区域游戏活动时间结合幼儿的游戏过程对幼儿进行适宜的支持，幼儿能够在支持下获得发展和成长

第一节　区域游戏活动中幼儿的学习过程与教师支持策略

我来写一写

1.在区域游戏活动中，幼儿主动操作材料有哪几个步骤？请在下方相应方框中填写。

2.在区域游戏活动中，幼儿的学习过程是什么样的？请在下方相应方框中填写。

一、区域游戏活动的教师支持原则

区域游戏是幼儿和玩教具、同伴、成人产生大量互动的活动，在这段活动时间内，教师可以旁观幼儿的游戏行为并进行观察与记录，也可以坐在幼儿身边和他们一起动手操作，还可以在幼儿遇到问题时及时伸出援手。相信现在你的脑海中一定出现了这样一个画面——在区域游戏活动时间，每个活动区都有幼儿在操作。作为幼儿园新入职教师，我们怎样才能在区域游戏活动中更好地支持幼儿的学习与发展呢？

（一）观察先行——别着急，先观察

为了避免指导的盲目性，教师应重视对活动中的幼儿进行观察。区域游戏活动的开展应基于教师对幼儿的了解和良好互动，教师既不要直接指出幼儿的问题，也不要急于帮助幼儿解决问题，观察是教师开展和指导幼儿区域游戏活动的基本前提。观察的内容包括幼儿的年龄特点、游戏兴趣、"最近发展区"等。需要说明的是，这里所说的观察并不是机械地完成观察任务，而是"走近"幼儿，通过参与幼儿的活动，进一步观察、了解幼儿的兴趣、表现及学习过程。此外，教师参与区域游戏活动可以带给幼儿亲密感和安全感，使幼儿获得心理上的支持，在游戏中与幼儿建立伙伴关系，在玩的过程中了解幼儿的兴趣与需要，发现幼儿的优势和进步空间，为支持幼儿的学习与发展奠定基础。

（二）以幼儿为本——别出手，先等待

区域游戏活动是幼儿自由、自主的活动区活动时间，教师应该顺应幼儿的活动节奏，尊重幼儿的游戏方式。有时，幼儿并没有按照教师创设区域游戏环境时所设想的那样进行活动，即便是这样，教师也不应该一开始就过分干涉幼儿的活动方向，而应该在一旁静静地"看"和"等"。此外，在创设区域游戏环境时，教师可以邀请幼儿共同讨论和参与，让幼儿在区域游戏活动的最初创设阶段就成为活动的关键因素之一，这样的区域游戏活动更符合幼儿的思维习惯和行为特征，只有幼儿成为区域游戏活动的真正主导者，他们才能真正喜欢区域游戏活动。

（三）准确支持——别盲目，先判断

区域游戏活动强调的是支持性环境和支持性氛围的创设，幼儿在教师的支持和引导下能放心、自信且适当独立地开展活动。与此同时，教师应该关注幼儿在活动中是如何进行游戏的，包括幼儿与幼儿的互动情况、幼儿与游戏材料的互动情况、幼儿与环境的互动情况等，以及幼儿需要什么、教师应何时给予支持。区域游戏活动的理想状态是：幼儿感觉不到教师的存在，但当幼儿真正需要时，教师总能及时给予最准确、最适宜的反馈和支持。这里所说的"幼儿感觉不到教师的存在"有两层含义：一是幼儿对区域游戏感兴趣，能全身心地投入到区域游戏活动中，忘记了教师的存在；二是教师不轻易介入幼儿的游戏，充分尊重幼儿的自由探索，给予幼儿沟通、协商、思考，甚至"试错"的空间。支持的准确性、适宜性则指的是教师基于对观察先行、以幼儿为本原则的理解，在幼儿开展活动的过程中，根据幼儿活动开展情况作出实时判断，给予行之有效的支持和引导，帮助幼儿实现学习品质和关键经验的双重发展。

二、区域游戏活动中幼儿的学习过程

区域游戏活动是一种灵活的教育形式。在区域游戏活动中，幼儿是学习的主体，游戏是主要的活动形式。幼儿在活动中能充分展现出其天性和内心世界，依据自己的兴趣来选择游戏材料，表现出强烈的主动性和积极的实践操作性。由于幼儿的学习不同于成人，他们主要通过直接感知、实际操作、亲身体验来获得经验，因此幼儿的学习过程不是被动地接受和机械地堆积知识，而是积极、主动地进行有意义的知识建构。

区域游戏材料的实践研究成果

可以说，在区域游戏活动中，幼儿的学习过程也可以看作幼儿操作材料的过程。为此，我们对幼儿操作材料的过程进行了深度分析，梳理出幼儿积极主动操作材料的四个阶段：产生兴趣、开始操作、专心致志、完成活动。

（一）产生兴趣

兴趣是幼儿参与活动的内部动力，活动的内容、材料的形态要能够与幼儿的兴趣相匹配，能吸引幼儿的注意，能让幼儿看到就产生喜欢，使其有意愿去动手摸一摸、试一试、玩一玩。幼儿对事物感兴趣的关键因素可以从其年龄特点、思维特点以及经验与阅历三个方面进行考虑。教师在充分分析之后，可以此为依据进行材料制作与设计，并在不断地尝试、观察中进一步明确、总结某一类材料的幼儿的兴趣点。

（二）开始操作

幼儿在开始操作阶段拿起活动材料，观察材料的内容、结构，琢磨、思考玩法或者试探性地操作。只有材料与幼儿之间真正产生互动，材料中预设的各种教育目标才能有机会得以实现。如果材料只是摆在柜子里，幼儿不去摸、不去玩，没有产生互动，那么材料永远是冷冰冰的材料，不可能变成教育工具，也不能实现对幼儿发展的支持。自互动产生时，材料就开始发挥"隐形"的指导作用，开始引发幼儿动手操作和探索，幼儿的思维活动也就开始了。

（三）专心致志

幼儿的专心致志在活动中表现为有意的注意、有目的的探究、深度的思考、一定的操作持续时间、不怕困难、坚持、认真等主动学习的行为表现。教师想要在活动中培养幼儿的专心致志，就需要设计并投放具有较高的操作性和引导性（即指向学习品质培养的操作性和指向关键经验发展的引导性）的材料。可以说，能够帮助幼儿获得学习品质的材料一定要有从半成品到成品的探究过程，能够帮助幼儿获得关键经验的材料一定要具备对幼儿来说有挑战性的引导点。只有这样才能引导幼儿在积极的状态中探索材料，通过主动观察去思考摆在眼前的诸多半成品材料之间的关系，寻找有效提示，猜测成品的样子，自己动手尝试将这些半成品材料通过摆弄、组合等操作，一步一步地做成成品（成果物）。

（四）完成活动

对于"完成活动"这一阶段的一般理解，往往是幼儿自然结束与材料的互动，就是完成了活动。实际上，这仅是完成活动的表面现象，幼儿是怎样玩的、怎样学习的、怎样成长的，教师都没有记录，没有任何方式可以呈现幼儿的活动。如果没有记录或呈现方式，教师就很难评价幼儿的活动状态、活动价值。因此，教师需要进一步思考：幼儿完成这个活动都经历了什么？遇到了哪些困难？他们是如何解决的？是否获得了经验？幼儿能否表达这些经验？如何呈现幼儿的经验？当认真思考以上内容之后，教师对"完成活动"这一阶段的理解就加深了一步。教师在设计材料时，就会充分考虑幼儿在完成活动后，如何具体化呈现出幼儿的操作过程，如何利用幼儿的作品来评价其发展，如何支持幼儿能够拿着成果物与同伴交流分享、自信地表达，以及回家后如何向父母讲述自己的收获。

三、区域游戏活动的教师支持策略

在产生兴趣阶段，教师应该结合幼儿经验设计具有吸引力的、新颖的游戏材料，通过材料引发幼儿的好奇心和学习兴趣。教师基于对幼儿已有经验的了解，提供游戏材料，激活原有认知，调动幼儿的学习兴趣。

在开始操作阶段，教师应该根据幼儿的年龄特点、已有的认知结构，为幼儿提供个性化的帮助和支持，在活动区给幼儿提供接触、摆弄有准备的材料和环境的机会。教师的鼓励、示范、赞许等语言、表情和动作，可以支持幼儿更好地感知材料，培养幼儿的问题解决能力、克服困难能力。

在专心致志阶段，教师应该在活动中帮助幼儿通过主动探索发现兴趣点，进入心流状态，自己动手动脑进行学习。教师可以为幼儿提供适宜的支持，帮助幼儿在探索与操作材料的过程中完成新旧知识的相互融合，丰富自身的认识体系。

在完成活动阶段，教师应该在幼儿完成材料操作后，给幼儿进行表现和展示的机会，让幼儿回顾、分享自己的学习过程，增强自信心，获得成就感。在这个过程中，教师还可以发展幼儿的语言表达能力，培养幼儿的积极性、主动性和参与性等积极的学习品质。

在区域游戏活动中，教师还可以根据幼儿的典型行为表现（表4-2）观察幼儿的操作过程，及时支持和指导。

表 4-2　区域游戏活动中的幼儿典型行为表现

区域游戏活动中幼儿操作材料的阶段	不同年龄段幼儿的典型行为表现		
	3～4 岁	4～5 岁	5～6 岁
产生兴趣	愿意参与感兴趣的游戏活动	积极自选并参与各种游戏活动； 常常有自己想做的事	能主动发起或积极出主意来推动活动； 常常尝试做自己想做的事
开始操作	常常自发地模仿自己喜欢的动作或语言； 面对不会做的事想学着做	面对不会做的事有信心学会并尝试去做	能主动发起或积极出主意来推动活动； 面对不会做的事积极学会并做好
专心致志	当成人对自己讲有关的事情时，能专心地听； 能专注于感兴趣的学习活动10分钟左右	在班级中，当教师讲话或同伴发言时，能专心地听至少5分钟； 能专注于操作性学习活动（如做手工）15分钟左右	在集体中，能专心听与自己有关的讲话至少10分钟； 能专注于安静的学习活动（如阅读图书）20分钟左右
	知道做事情应有始有终； 在督促与指导下，能有始有终地做一些简单的事	在提醒下，能有始有终地完成该做的事； 在督促下，能较长时间坚持做一件事情	在鼓励下，遇到一定的困难或失败也不半途而废； 稍加提醒，能较长时间坚持做一件事情
完成活动	感到困惑或遇到问题时，会作出各种猜测； 用自己的方法解决问题，得到一个答案	感到困惑或遇到问题时，会作出各种猜测，并寻找问题的答案； 能运用已有知识经验和掌握的方法来解决问题	遇到不会的问题敢于提问，遇到与经验相悖的事情时敢于质疑； 会对成果进行检验，通过观察、阅读等方式发现问题； 能对问题进行推理、分析，找出解决问题的方向，通过不断尝试形成对问题的解释

（一）基于材料支持幼儿的学习过程

1. 保护幼儿的游戏兴趣

在区域游戏活动中，幼儿有自主选择的权利，可以根据自己的兴趣、需要，主动地去选择和探索材料。首先，幼儿有权利选择想要操作的材料，他们可以基于自己的兴趣选择去哪个活动区，选择哪筐玩具，这个选择的过程是自主的、不受干扰的。其次，幼儿操作材料的方式也是基于自己兴趣的，他们可以不按照说明书或教师的指令去按部就班地操作材料，尽管可能会犯错，会做不出什么"成果物"，但是这个过程对于幼儿来说仍然是有意义的。例如一款小汽车的立体拼板，小明在专注地拼了很长时间之后都没有拼出小汽车的形状，这时教师不应直接教导幼儿应该怎样拼小汽车，而应该询问："小明，你拼的是什么呀？"你可能会得到宇宙飞船、变形金刚、轮船、飞机等不同的答案。幼儿的兴趣是激发其自主学习、主动探索的内在动力。需要补充的是，教师也可以适当采用一些外部激励方法来调动幼儿的积极性，但这一方法不应常用。

2. 设计、选择有趣的游戏材料

想要幼儿在区域游戏活动中实现快乐且有价值的学习，教师就更应该注重投放能供幼儿直接操作的、促进其全面发展的材料，从而引发幼儿的内部学习动机。内部学习动机是指由幼儿本身自发产生的指向活动过程的动机，换言之，幼儿从事活动不是由于外在的压力或奖励，而是因为活动本身就能给其带来乐趣或挑战，并使其得到满足。内部学习动机作为一种心理现象，具有内隐性，但可以通过一些外在行为表现出来。教师在材料的选择和投放上都应该有其明确的教育意图，遵循幼儿的兴趣、发展规律和实际需要，使材料成为"隐形的教师"，注重材料设计的操作性、引导性、层次性和丰富性。

（二）基于操作支持幼儿的学习过程

区域游戏活动注重幼儿自身的经验建构，由于学前阶段幼儿的思维以动作思维和形象思维为主，他们对知识的接受需要借助动作来完成，所以教师要在活动区中提供各种供幼儿操作、摆弄的材料，让他们在动手操作的过程中利用已有经验，不断进行感知和体验，从而实现经验的建构和意义的内化。

1. 区域游戏活动中幼儿操作材料的六个步骤

幼儿操作一份游戏材料需要经历四个阶段，即产生兴趣、开始操作、专心致志、完成活动，这是从教师观察的角度出发的。从幼儿操作材料的具体过程来看，我们可以将区域游戏活动分解为六个步骤：主动做、有点难、动脑子、过关卡、做成了、送大家（图4-1）。

我们用"主动做、有点难、动脑子、过关卡、做成了、送大家"来涵盖幼儿的学习路径、成长路径，发现幼儿成长的新阶梯；同时，帮助教师理解幼儿学习方式，尊重幼儿的学习方式，明确直接经验的学习是幼儿主体与客体相互作用的过程。教师应按照幼儿的学习方式支持幼儿进一步学习，从而让幼儿渴望学习、深度学习，培养积极的学习品质，促进幼儿的学习和发展。

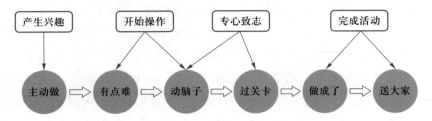

图 4-1   区域游戏活动中幼儿操作材料的四个阶段与六个步骤关系图

2. 区域游戏活动中幼儿操作材料六个步骤的典型行为表现

在幼儿操作材料的六个步骤中，"主动做、做成了、送大家"是材料具有操作性的体现，"有点难、动脑子、过关卡"是材料具有引导性的体现。由于幼儿操作材料时，可能有一个引导性的体现，也可能有多个引导性的体现，所以"主动做、做成了、送大家"是幼儿完整操作材料的过程，"有点难、动脑子、过关卡"可能反复出现在幼儿的操作过程中。教师在观察幼儿的操作过程时，可以从幼儿的表情、动作、语言等不同角度分析幼儿的操作处于哪个阶段，从而实施有针对性地指导。

在"主动做"的步骤中，幼儿的典型行为表现主要有：发现感兴趣的材料，驻足观看，站在材料前摸索，反复摆弄，取走材料，开始操作。在"有点难"的步骤中，幼儿的典型行为表现主要有：愁眉，反复寻找半成品之间的关系，环顾四周，手托脑袋。在"动脑子"的步骤中，幼儿的典型行为表现主要有：凝神，仔细观察，反复比对，一次次尝试。在"过关卡"的步骤中，幼儿的典型行为表现主要有：长舒一口气，面露微笑，点头，向同伴展示。在"做成了"的步骤中，幼儿的典型行为表现主要有：拍手，找同伴讲述，招呼老师看，很有成就感，开心一笑。在"送大家"的步骤中，幼儿的典型行为表现主要有：将材料放回自己柜子，将材料展示在玩具柜上，回家后给爸爸妈妈讲解制作过程。

3. 幼儿操作材料的六个步骤与教师支持策略

当教师观察和了解到区域游戏中幼儿操作材料的六个步骤后，要思考对应这六个步骤的教育策略（图 4-2）。

支持幼儿"主动做"的策略：教师要为幼儿提供丰富、新颖的游戏材料，符合幼儿的年龄特点，适合幼儿的已有经验，从而引发幼儿主动与游戏材料进行互动。

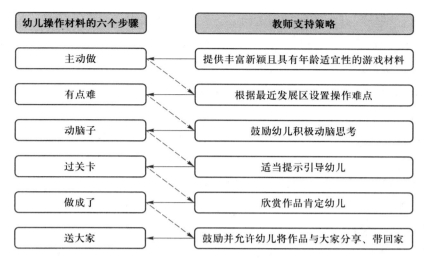

图 4-2 幼儿操作材料六个步骤与教师支持策略关系图

支持幼儿"有点难"的策略：教师要根据幼儿的最近发展区设置材料的操作难点，其中对于最近发展区的分析既要建立在对幼儿已有经验了解和熟悉的基础上，又要建立在对幼儿年龄特点把握的基础上。操作难点不宜设置过多，要考虑不同水平幼儿的游戏持续时间。

支持幼儿"动脑子"的策略：教师要鼓励幼儿积极主动地动脑思考，遇到困难不轻易放弃，尝试通过观察、反复摆弄、主动探索来解决遇到的问题。

支持幼儿"过关卡"的策略：幼儿在操作中遇到困难时，教师要适当提示幼儿，启发幼儿再看看、再想想，发现材料之间的关系，引导幼儿尝试独立完成操作活动，培养幼儿不怕困难的学习品质。

支持幼儿"做成了"的策略：教师要在幼儿完成活动后给予及时的鼓励，用语言直接肯定幼儿，也可以用竖拇指、抚摸头、抱一抱等身体语言加以鼓励。同时，教师要为幼儿创造交流分享的机会，让幼儿能分享和展示自己做成的作品，获得成功的体验。

支持幼儿"送大家"的策略：教师应允许幼儿在离园后，将自己的作品带回家，送给家人，让家长在感受孩子学习的快乐的同时，逐步了解幼儿的学习内容，以及学习能力的发展与变化。

（三）基于分享与反思支持幼儿的学习过程

1. 同伴分享，支持幼儿自信心发展

区域游戏活动为幼儿提供了更多的人际交往机会，可供幼儿有意识地使用语言符号进行经验整合。在完成活动阶段，幼儿将自己操作材料的开始、过程和结尾使用语言表达出来，对于分享者自身而言是一种经验的整合和输出，对于倾听分享的

幼儿来说，也是很好的同伴学习的机会。在这一过程中，语言是工具，也是媒介，幼儿借助语言能够将经验符号化，而对于入学准备和未来阶段的学习来说，符号的学习是最有效率和意义的，其原因在于能够增加迁移的场景和效率；而语言的学习和练习也能够自成为目的，作为学习的内容之一。

2. 区域反思，支持幼儿经验提升

反思从本质上讲就是自我认知、自我体验和自我调节的过程。这对于幼儿来说有一定困难，但教师可以以幼儿的自我评价为契机，因势利导，让幼儿对自己在区域游戏活动中的表现有一个相对客观的自我评价，知道自己的优点与不足，明白不足之处的改正方法。教师可以对幼儿进行元认知训练，在指导活动时，向幼儿渗透元认知策略，如通过提问的方法让幼儿知道自己在活动中需要做什么、应以怎样的态度对待活动及活动结果、哪些操作偏离了目标、哪些操作朝向目标、知道自己存在的问题后应如何改正等。需要注意的是，幼儿的元认知能力是不可能在朝夕之间形成的，所以从活动设计起，教师就要有意识地将元认知能力培养纳入教育目标之中，并将其落实于长期的区域游戏活动中。同时，教师也应充分尊重幼儿的主体地位，给予幼儿足够的自我决策的机会，让幼儿在自主学习中实现元认知能力的建构。

区域游戏材料研究工作坊案例

我来写一写

1. 在区域游戏活动中，幼儿主动操作材料有哪几个步骤？请在下方相应方框中填写。

2. 在区域游戏活动中，幼儿的学习过程是什么样的？请在下方相应方框中填写。

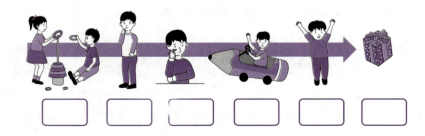

我来练一练

　　结合你投放的区域游戏材料，观察幼儿的操作并进行支持，然后用案例的方式进行记录。

第二节 学会在区域游戏活动中支持幼儿的学习过程

我来写一写

请你为幼儿操作游戏材料的四个阶段进行排序。

> ( )开始操作 ( )产生兴趣 ( )专心致志 ( )完成活动

一、理解并支持幼儿在产生兴趣阶段的游戏活动

（一）讲故事

实践内容： 在区域游戏活动中，你是如何支持幼儿产生兴趣的？你的支持有效吗？使用了哪些支持策略呢？请你向同组教师讲述一个典型的、优秀的支持过程。

实践步骤：

1. 你可以和你的同事讲，也可以和你一起参与培训的小组成员讲。

2. 案例应描述案例背景、观察目的、观察基本信息（时间、地点、人物）、观察内容、教师支持及反思。

任务单 S4.1.1

有效支持区域游戏活动的案例一

案例背景及基本信息（年龄班、时间、地点、幼儿已有经验等）：

观察目的（为什么要观察）：

续表

支持过程（幼儿游戏表现和过程）：   教师反思：   讲述人： 讲述时间：

3. 在相互讲述的过程中，请你总结出同伴有哪些好的支持幼儿的思路，你可以怎样借鉴。

任务单 S4.1.2
1. 2. 3.

4. 举例说明你在区域游戏活动中支持幼儿不足的地方，然后说一说你想重点改进的三个方面。

任务单 S4.1.3
简要描述不足：   我的思考与改进： 1. 2. 3.

（二）案例分析

我与城门的故事①

十一期间，很多小朋友参观了故宫、天安门、前门，亲身走访了北京的标志性建筑，还拍下了很多走访的照片带回园里讲述。在之前的区域游戏活动中，老师给孩子们讲述过《中轴线上的城市——北京》，孩子们听得特别认真，还讨论分享了很多关于中轴线、城门的故事。在"城门故事多"主题背景下，幼儿了解城门、走进城门，班级开展了与城门有关的多种活动。幼儿在分享城门的照片时，都被城门的建筑美所吸引，有的小朋友说："城门很高、很大、很威风。"还有的小朋友说："城门能够抵御敌人，保护我们。"在孩子们的强烈愿望下，我们班级中的积木区开设了搭建"城门"的小主题，孩子们经常到积木区进行搭建。在搭建过程中，如何搭建城门洞、如何让城门更雄伟、如何表征城门的细节，则是孩子们共同的困惑。为此，班级开展了搭建"城门"的区域游戏活动，带着孩子们的问题开启了探索。

任务单 S4.1.4

1. 案例中教师是如何支持幼儿产生兴趣阶段的探索的？

2. 你有哪些关于支持幼儿产生兴趣阶段的启示？

3. 你有哪些改进建议？

---

① 案例作者：北京市朝阳区枣营幼儿园，郭美琪。

二、理解并支持幼儿在开始操作阶段的游戏活动

（一）讲故事

实践内容： 在区域游戏活动中，你是如何支持幼儿开始操作的？你的支持有效吗？有哪些有效的策略？请你向同组教师讲述一个典型的、优秀的支持过程。

实践步骤：

1. 你可以和你的同事讲，也可以和你一起参与培训的小组成员讲。

2. 案例应描述案例背景、观察目的、观察基本信息（时间、地点、人物）、观察内容、教师支持及反思。

任务单 S4.2.1

有效支持区域游戏活动的案例二

案例背景及基本信息（年龄班、时间、地点、幼儿已有经验等）：

观察目的（为什么要观察）：

支持过程（幼儿游戏表现和过程）：

教师反思：

讲述人：
讲述时间：

3. 在相互讲述的过程中，请你总结出同伴有哪些好的支持幼儿的思路，你可以怎样借鉴。

任务单 S4.2.2
1.   2.   3.

4. 举例说明你在区域游戏活动中支持幼儿不足的地方，然后说一说你想重点改进的三个方面。

任务单 S4.2.3
简要描述不足：   我的思考与改进： 1. 2. 3.

（二）案例分析

引导幼儿探秘魔镜 [①]

哈哈从科学区选择了镜子拼图的材料，当她打开了镜子后，来回看看镜子、看看周围的小朋友，持续四五次。

教师看到后询问："你在镜子里看到了什么？""有我，还有这个。"哈哈指着镜子前的图卡。

"这个材料怎么玩呢？它有很多不同图案的图卡。"哈哈开始在筐里翻找，除了图卡她还找到了两个有图案的三角形木片，"还有小三角。"哈哈拿着三角形木片和图卡一起举在镜子前。接着，哈哈将三角形木片放在图卡上，和图卡上的图案进行重合，从筐里拿出了另一个三角形木片，和原本的三角摆在一起成了一个正方形。

教师引导幼儿观察图卡上的一条灰色的线——代表是镜面，哈哈还像之前一样把三角形木片摆在图卡上。教师说："你可以放在镜子前试一试，看看会变成什么样？"哈哈发现所呈现的是沙漏的形状，然后哈哈还是继续把木片摆在图卡上。

教师："如果只用一个三角形呢？"哈哈在镜子前一点一点地转动三角形，并观察呈现出的图形，最终完成了，哈哈说："我可以把它变成正方形了。"教师鼓励幼儿继续尝试其他图案的拼摆。

任务单 S4.2.4

1. 案例中教师是如何支持幼儿开始操作阶段的探索的？

2. 你有哪些关于支持幼儿开始操作阶段的启示？

3. 你有哪些改进建议？

---

① 案例作者：北京市朝阳区枣营幼儿园，崔婧琳。

三、理解并支持幼儿在专心致志阶段的游戏活动

（一）讲故事

实践内容： 在区域游戏活动中，你是如何支持幼儿专心致志的？你的支持有效吗？有哪些有效的策略呢？请你向同组教师讲述一个典型的、优秀的支持过程。

实践步骤：

1. 你可以和同事讲，也可以和一起参与培训的小组成员讲。

2. 案例应描述案例背景、观察目的、观察基本信息（时间、地点、人物）、观察内容、教师支持及反思。

任务单 S4.3.1

有效支持区域游戏活动的案例三

案例背景及基本信息（年龄班、时间、地点、幼儿已有经验等）：

观察目的（为什么要观察）：

支持过程（幼儿游戏表现和过程）：

教师反思：

讲述人：
讲述时间：

---

3. 在相互讲述的过程中，请你总结出同伴有哪些好的支持幼儿的思路，你可以怎样借鉴。

任务单 S4.3.2
1.   2.   3.

4. 举例说明你在区域游戏活动中支持幼儿不足的地方，然后说一说你想重点改进的三个方面。

任务单 S4.3.3
简要描述不足：   我的思考与改进： 1. 2. 3.

（二）案例分析

基于方块骨牌多种玩法支持幼儿专注探究（小班）①

互动过程一：

在区域游戏时间，幼儿 W 选择在科学区进行游戏，他选择了"方块骨牌"游戏材料。方块骨牌呈长方体，白色一面为食物图案，紫色一面为不同数量的圆点。在刚刚拿到游戏材料时，他就将所有的长方体拿出来，随意地摆放在桌子上，然后跟我说："王老师，你看，我弄的。"我说："W，请你观察一下每一个长方体上面的图案是否一样？"然后我指着其中一个问："这是什么？"幼儿 W 回答："这是面包，这个也是面包。"回答的同时，他用手指向旁边的面包图案。我说："你可以试着根据图案连一连小火车。"紧接着，他拿出一个带有面包图案的长方体，然后找到另一个也带有面包图案的长方形连接在一起。

互动过程二：

在区域游戏活动时间，幼儿 W 选择了他喜欢的"方块骨牌"游戏材料。在之前的游戏中，他发现方块白色的一面有水果等图案，可以根据水果的种类是否一致连接成一列火车，这一次他继续选择了这一游戏材料。

他先是将材料胡乱地摆在桌面上，然后开始垒高墙。他重复垒高了几分钟，这时候我观察到幼儿的游戏状态，过去与他进行平行游戏。我先点数了一下方块后边的圆点个数，同时找到另一块相同圆点个数的方块连接在一起。幼儿 W 看到后问："王老师，你在玩什么游戏？"我回答："我在玩方块接龙的游戏，找到圆点个数一样的方块就能连接在一起，你也试一试吧！"听我介绍完游戏玩法后，他拿起一个方块，数了数圆点个数，然后找到一样个数的方块连接在一起，我和幼儿 W 一起排列出了一列"长火车"。

互动过程三：

在区域游戏活动时间，幼儿 W 继续选择在科学区进行游戏，并选择了自己一直很感兴趣的"方块骨牌"游戏材料，因为之前有根据方块的白色一面的图案进行接龙的经验，也有根据紫色一面圆点数量进行接龙的经验，所以这一次他又继续探索新的玩法。

他先把所有的方块倒出来，然后将紫色的一面反过来整齐拼摆好，同时说："王老师，你看这是我摆的地毯。"活动区时间，幼儿 W 一直在进行方块骨牌的拼摆游戏。

---

① 案例作者：北京市朝阳区枣营幼儿园，王超然。

互动过程四：

在区域游戏活动时间，幼儿 W 依旧选择了科学区的方块骨牌玩具进行游戏。这次，幼儿 W 还是将骨牌的紫色一面规则摆放好，拼成"地毯"。这时在娃娃家进行游戏的幼儿 L 拿着比萨来到科学区，问幼儿 W："你要吃比萨吗？这是我们刚做好的比萨，你尝尝吧！"幼儿 W 说："好啊，我吃一块吧！""吃完"比萨后，幼儿 W 继续进行方块骨牌的探究。

我在一边也开始游戏，我将方块骨牌竖着摆放成长长的一排，然后推倒，并向幼儿 W 介绍这种新玩法。他觉得很有趣，自己开始进行尝试，将骨牌竖起来横着摆放在自己面前，白色的一面面对自己，同时指着上面的图案说："这是菠萝，这是芒果。"

互动策略分析：

针对教师在互动过程中使用的支持策略，接下来主要从情境支持、材料支持、语言支持、同伴支持（同伴特指幼儿）、行为支持（主要指来自成人的、除语言之外的支持）几个方面进行梳理（表 4–3）。

表 4–3　教师支持策略分析

支持策略	具体策略内容	实践应用
情境支持	创设宽松探究环境	在互动过程中，教师对于幼儿探究行为都是给予支持与鼓励的，并且让幼儿自由发挥，提供宽松的环境，让幼儿心理有安全感。如幼儿可以自主选择喜欢的材料，并根据自己的兴趣开展游戏，即使在幼儿开始进行无意义的重复游戏时，如随意摆弄方块骨牌和胡乱摆放时，教师也没有立刻介入，教师扮演观察者的角色，在适宜的时机给予幼儿支持
	提供游戏化情境	教师在与幼儿进行互动的过程中，使用游戏化的语言，利用拼摆火车等活动吸引幼儿的注意力，激发幼儿的兴趣，最后摆出一列"长火车"来帮助幼儿获得成就感
语言支持	回应幼儿问题	教师在与幼儿的互动过程中，对幼儿的提问给予积极回应，如幼儿将方块骨牌随意地摆放在桌子上然后跟我说："王老师，你看，我弄的。"我说："W，请你观察一下每一个长方体上面的图案是否一样？"等
	鼓励与肯定性语言	在幼儿探究的过程中，教师及时给予鼓励和认可，让幼儿获得自信与游戏快乐的同时，有继续进行探究的兴趣
	启发性语言	在幼儿的游戏过程中，教师使用启发性的语言与幼儿进行互动，如我指着其中一个问："这是什么？"幼儿 W 回答："这是面包，这个也是面包。"我说："你可以试着连一连小火车。"

续表

支持策略	具体策略内容	实践应用
行为支持	教师的平行游戏	在幼儿的游戏遇到瓶颈时,教师要及时观察并介入,小班幼儿适宜使用平行游戏的方式,如我先点数了一下玩具后边的圆点个数,同时找到另一块相同圆点个数的方块连接在一起。幼儿 w 看到后问我:"王老师,你在玩什么游戏?"我回答:"我在玩排列火车的游戏,找到圆点个数一样的就能连接在一起,你也试一试吧!"

任务单 S4.3.4

1. 案例中王老师是如何支持幼儿专心致志阶段的探索的?

2. 你有哪些关于支持幼儿专心致志阶段探索的启示?

3. 你有哪些改进建议?

四、观察并支持幼儿在完成活动阶段的游戏活动

（一）讲故事

实践内容： 在区域游戏活动中，你是如何支持幼儿完成活动的呢？你的支持有效吗？有哪些有效的策略？请你向同组教师讲述一个典型的、优秀的支持过程。

实践步骤：

1. 你可以和你的同事讲，也可以和你一起参与培训的小组成员讲。

2. 案例应描述案例背景、观察目的、观察基本信息（时间、地点、人物）、观察内容、教师支持及反思。

任务单 S4.4.1

有效支持区域游戏活动的案例四

案例背景及基本信息（年龄班、时间、地点、幼儿已有经验等）：

观察目的（为什么要观察）：

支持过程（幼儿游戏表现和过程）：

教师反思：

讲述人：

讲述时间：

---

3. 在相互讲述的过程中，请你总结出同伴有哪些好的支持幼儿的思路，你可以怎样借鉴。

任务单 S4.4.2
1.   2.   3.

4. 举例说明你在区域游戏活动中支持幼儿不足的地方，然后说一说你想重点改进的三个方面。

任务单 S4.4.3
简要描述不足：   我的思考与改进： 1. 2. 3.

（二）案例分析

材料的调整与改进——以米奇钟表为例[①]

观察背景：

钟表是孩子们生活中的常见物，经过老师精心设计的钟表，富有操作性，吸引幼儿操作和体验；潜伏着挑战性、引导点，孩子们在探索钟表的过程中，增加数学、科学经验，同时在不断解决问题的过程中，形成良好的探究精神。同时，半成品到成品，孩子们带走了一份专注操作的产物，充满了成就感。

观察目的：

观察"米奇钟表"这一材料的目的是通过幼儿操作材料，发现幼儿在操作过程中的问题，使材料能够更加满足幼儿的需要以及发展水平，更具吸引力。幼儿在操作"米奇钟表"的过程中有自己的收获，认识钟表上有数字、指针，喜欢动手，愿意动脑解决操作中遇到的问题，培养幼儿积极主动、认真专注、不怕困难、敢于探究和尝试的学习品质。

观察对象：中班幼儿

观察实录与分析：

（1）第一阶段观察与分析

·第一阶段观察（上）

区域游戏活动时间，彦泽大步走到益智区柜子前面，小手轻轻地将"米奇钟表"材料拿出来。接着他将米奇钟表和所有的数字平铺在桌上，眼睛盯着铺平在桌上的数字寻找"1"，找到后将其涂好胶，继续寻找下一个数字"2"，他看看自己手中的数字，又看看钟表上的图形，将自己手里的数字"2"涂上胶，小心地对准、贴好，继续寻找平铺在桌上的下一个数字。这时，行行走过来，拍了拍彦泽的背说："彦泽，你的数字贴好了没有？你来看看我画的飞机吧。"彦泽头也没有回一下，好像没有听到好朋友在和他说话，继续专注地选择材料，小手把桌上平铺的数字翻过来、翻过去，依次寻找着数字4，5，6，……。

·第一阶段观察（下）

区域游戏活动结束了，今天在美工区的彦泽手举着自己的作品，一脸开心地向我走过来。

彦泽："周老师，您看！"

师："你的作品？"

---

① 案例作者：北京航空航天大学幼儿园，周彦清。

彦泽："嗯！"

师："你想给我介绍一下？"

他双手拖着作品，露着牙齿笑着对我点点头。

师："你这是做了一个什么？"

彦泽："我做了一个表。"

师："是表吗？"

彦泽：看着我笑着点点头。

师："你怎么想起做表了？"

彦泽："我也想做个'米奇钟表'。"

师："是因为喜欢咱们的'米奇钟表'所以也想做一个吗？"

他还是笑着点点头，接着我指着他纸上一小块一小块黏土问他："这是什么？"

彦泽："这是钟表上的数字。"

我又指着画上弯弯曲曲的笔印问他："这个呢？"

彦泽："这是指针啊！"

我马上给他竖了一个大的拇指："你真棒，做出了一块自己的表，一会儿区域分享时，可以把你的钟表作品展示给大家！"

他满足地点了点头，看着作品转身走了。

观察分析：

相信幼儿是有能力的学习者。当彦泽拿着作品让我看时，我心想：这是什么，这么大一张白纸上随意粘上几块黏土，旁边还用记号笔弯弯曲曲地画上几道，实在不知道该怎么去评价。但当他说这是一块"表"时，我非常惊喜，这太出乎我的预料了，虽然线条看上去歪歪扭扭，但他做出了表的特征。当我又看看他，他还是微笑着，眼睛直直地看着我，像是期待着我的认可与表扬。真是没想到，我们小班孩子对"米奇钟表"这么感兴趣，以至于在美工区制作了一块属于自己的表，我非常开心，并且觉得孩子们在操作"米奇钟表"的过程中有了自己的收获，认识到钟表上有数字、指针。

尊重幼儿年龄特点，支持幼儿学习。本次区域材料的教育目标就是让小班幼儿认识钟表，知道钟表上有数字和指针，结合这个目标，从幼儿年龄段特点出发，支持幼儿学习，需要解决三个问题：确定表盘的外形、制作表盘材料、操作过程的形式。

一是表盘外形。卡通形象最能吸引幼儿的注意，当回想到我们班上小朋友带过一个米奇手表，小朋友们都非常喜欢，我就选择用米奇的头像制作米奇钟表。二是制作表盘材料。KT板、不织布的组合最合适，因为它质地柔软，色彩鲜艳，操作性强。三是操作过程的形式。怎样才能引导幼儿将钟表上的数字贴在表盘上？认识数字的小朋友可以将数字依次放入，那不认识数字的小朋友，或没有前期经验的幼儿如何完成操作？考虑到小班幼儿的年龄特点，对于图形的认知是最清楚的，如果有幼儿不认识数字，他们也能按照图形对应将钟表制作完成。不织布的摁扣儿方式，可以增加幼儿操作兴趣。

（2）第二阶段观察与分析

略，请扫码阅读完整案例。

任务单 S4.4.4

1. 案例中教师是如何支持幼儿完成活动阶段的探索的？

2. 你有哪些关于支持幼儿完成活动阶段探索的启示？

3. 你有哪些改进建议？

我来写一写

请你为幼儿操作游戏材料的四个阶段进行排序。

（　）开始操作　　（　）产生兴趣　　（　）专心致志　　（　）完成活动

我来练一练

任选一份自制的区域游戏材料，向师傅或同事说一说你是如何通过这份游戏材料帮助幼儿在区域游戏活动中体验到有意义的学习过程的。你既可以按照幼儿操作游戏材料的四个阶段来说，还可以按照幼儿操作游戏材料的六个步骤来说。

第三节　反思自身是否能够在区域游戏活动中
支持幼儿的学习过程

我来写一写

请你根据圆圈下方的提示，在圆圈中写出幼儿操作游戏材料的六个步骤。

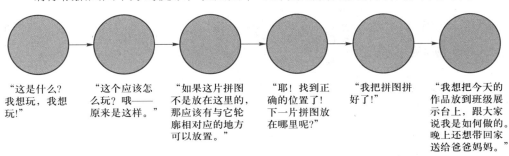

"这是什么？我想玩，我想玩！"

"这个应该怎么玩？哦——原来是这样。"

"如果这片拼图不是放在这里的，那应该有与它轮廓相对应的地方可以放置。"

"耶！找到正确的位置了！下一片拼图放在哪里呢？"

"我把拼图拼好了！"

"我想把今天的作品放到班级展示台上，跟大家说我是如何做的。晚上还想带回家送给爸爸妈妈。"

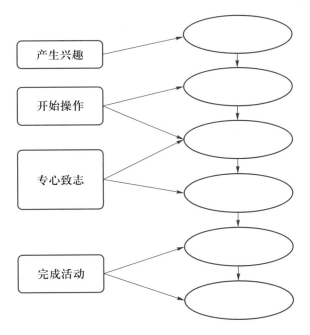

产生兴趣

开始操作

专心致志

完成活动

一、反思自身是否理解区域游戏活动中的教师支持原则

在学习了本章内容后，请以小组为单位或与你身边一同学习的伙伴围绕以下要点展开讨论并进行记录。

任务单 F4.1.1

讨论要点	反思记录
关于区域游戏活动的教师支持原则，你印象最深的三点是什么？	
在区域游戏活动中，教师应从哪些方面进行支持？	
为什么教师要重视在区域游戏活动中支持幼儿的学习过程？	
请举例说明，你是如何通过调整区域游戏材料来支持幼儿的学习过程的？	

二、反思自身是否能够胜任区域游戏活动的观察与支持

在学习本章内容后，请以小组为单位或与你身边一同学习的伙伴围绕以下要点展开讨论并进行记录。

任务单 F4.2.1	
讨论要点	反思记录
你觉得在区域游戏活动中支持幼儿的学习过程要关注哪些方面？请写出三点	
你觉得在区域游戏活动中支持幼儿的学习过程有哪些好的办法？请至少写出三条	
请结合案例说一说，你是怎样做到在区域游戏活动中支持幼儿的学习过程？	
除了上述要点外，你还能补充哪些注意事项？	

我来写一写

请你根据圆圈下方的提示，在圆圈中写出幼儿操作游戏材料的六个步骤。

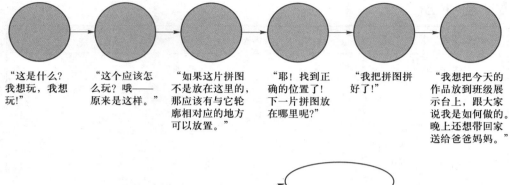

"这是什么？我想玩，我想玩！"

"这个应该怎么玩？哦——原来是这样。"

"如果这片拼图不是放在这里的，那应该有与它轮廓相对应的地方可以放置。"

"耶！找到正确的位置了！下一片拼图放在哪里呢？"

"我把拼图拼好了！"

"我想把今天的作品放到班级展示台上，跟大家说我是如何做的。晚上还想带回家送给爸爸妈妈。"

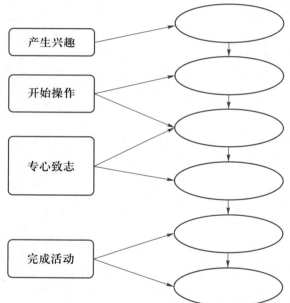

产生兴趣

开始操作

专心致志

完成活动

我来练一练

当幼儿不喜欢操作教师投放的区域游戏材料时，教师应该怎样做？请你结合学习到的知识，尝试回答这个问题。请注意，直接撤去游戏材料等做法并不是最好的解决方法，请结合区域游戏材料的内涵与特点、区域游戏活动中的观察与记录等内容进行深度思考。

◄ 【我走到了这里】

亲爱的老师，我们要结束本章的学习了。请你思考以下问题，在表 4-4 中最符合自己情况的方框内画√，据此了解自己的学习效果。

表 4-4　教师自评表

项目	我走到了这里			
	一级水平	二级水平	三级水平	四级水平
关于幼儿园区域游戏活动的支持	□我不会对幼儿区域游戏活动进行指导，也不会支持幼儿的区域游戏活动	□我知道应该支持幼儿区域游戏活动，但是不知道如何做	□我能够在区域游戏活动使用简单的策略支持幼儿的游戏	□我能够在区域游戏活动时间结合幼儿的游戏过程对幼儿进行适宜的支持，幼儿能够在支持下有发展和成长

-----------------◦【 拓 展 阅 读 】◦-----------------

周艳芳. 幼儿园活动材料设计与制作实践研究 [M]. 上海: 上海交通大学出版社，2020.

该书梳理了活动材料设计与制作的具体流程，旨在培养教师各类活动材料的设计与实际制作能力。该书可以使读者通过实践案例了解幼儿园活动材料设计与制作的创设过程，学习幼儿园活动材料设计与制作创设理论，增进幼儿园活动材料设计与制作的实践能力。幼儿园新入职教师可以重点阅读活动区活动材料设计与制作，以及幼儿园本土化活动材料设计与制作的相关案例。

郑重声明

高等教育出版社依法对本书享有专有出版权。任何未经许可的复制、销售行为均违反《中华人民共和国著作权法》，其行为人将承担相应的民事责任和行政责任；构成犯罪的，将被依法追究刑事责任。为了维护市场秩序，保护读者的合法权益，避免读者误用盗版书造成不良后果，我社将配合行政执法部门和司法机关对违法犯罪的单位和个人进行严厉打击。社会各界人士如发现上述侵权行为，希望及时举报，我社将奖励举报有功人员。

反盗版举报电话　　（010）58581999　58582371

反盗版举报邮箱　dd@hep.com.cn

通信地址　北京市西城区德外大街 4 号　高等教育出版社知识产权与法律事务部

邮政编码　100120

读者意见反馈

为收集对教材的意见建议，进一步完善教材编写并做好服务工作，读者可将对本教材的意见建议通过如下渠道反馈至我社。

咨询电话　400-810-0598

反馈邮箱　gjdzfwb@pub.hep.cn

通信地址　北京市朝阳区惠新东街 4 号富盛大厦 1 座

　　　　　高等教育出版社总编辑办公室

邮政编码　100029